D1665439

Originaltitel:
Nepozabljeno (Drava 2006)

© 2008 Verlag Drava
Satz und Druck: Tiskarna Drava
Klagenfurt/Celovec
www.drava.at

ISBN 978-3-85435-516-8

Franc Kukovica

Als uns die Sprache verboten wurde

Eine Kindheit in Kärnten (1938–1945)

Aus dem Slowenischen übersetzt
von Traudi Pasterk

Drava Verlag

INHALT

Wie der Krieg bei uns zu Ende ging

Nachtrag

Ortsnamen werden im Anhang auf Deutsch wiederge-
geben, Vulgo- bzw. Hofnamen vorwiegend in der slowenischen Sprache ihrer Bewohner. Ein zweisprachiges
Ortsverzeichnis befindet sich im Anhang.

Zur Aussprache slowenischer Wörter

c   wie z in Zorn
č   wie tsch in rutschen
h   wie ch in Krach
l   am Wort- oder am Silbenende
    vor Konsonant meist wie u
lj am Wort- oder am Silbenende
    vor Konsonant wie l
š   wie sch in Schule
v   wie w in wahr
v   am Wort- oder am Silbenende
    vor Konsonant meist wie u
z   wie s in leise
ž   wie j in Journalist

Warum dieses Buch entstand

Meine Erlebnisse aus der Kriegszeit, als ich ein Kind war, schrieb ich nieder in der Überzeugung, dass man die Erinnerungen an das Geschehen in den Kärntner Tälern erhalten muss. Wir waren viele, Kinder, Jugendliche, Frauen und Männer slowenischer Sprache, die in Kärnten, auf dem Gebiet des damaligen Großdeutschland, im Widerstand und im Kampf um den Sieg über den Nazismus tätig waren. Mehrere hundert Partisanen und zivile Widerstandskämpfer haben dafür in Kärnten ihr Leben geopfert. Unser Beitrag war, gemessen an der Bevölkerungszahl und unseren Möglichkeiten, kein geringer. Deshalb soll er nicht in Vergessenheit geraten.

Weil dieser Widerstand, der viel Ähnlichkeit mit einem Aufstand hatte, eine notwendige, ehrenhafte und mutige Tat war, sind wir verpflichtet, unseren Nachkommen das Geschehen auch in Form niedergeschriebener Erinnerungen weiterzugeben. Besonders deshalb, weil manche in unserem Lande den Partisanenkampf gegen den Nazismus noch heute bis zur Unkenntlichkeit zu entstellen versuchen.

Franc Kukovica   *Dezember 2007*

Schule und Alltag im Zeichen des Hakenkreuzes

Die ersten Tage in der »Deutschen Volksschule«

Als Hitlerdeutschland im März 1938 die Republik Österreich besetzte, bemerkte ich als noch nicht sechsjähriges Kind davon zunächst nicht viel. Daheim und in der näheren Umgebung sprachen Verwandte, Nachbarn und gute Bekannte mit mir wie immer in der slowenischen Mundart. Doch einige, so kam es mir wenigstens vor, hatten ihr Benehmen geändert; als ob sie etwas bedrückt hätte oder sie sich vor etwas fürchteten. Die einzige Veränderung, die ich bewusst wahrnahm, waren die mir unbekannten Soldaten- und Nazilieder, die, unterbrochen von aufdringlichen Ansprachen, aus dem Radio tönten. Ich erinnere mich, dass meine Mutter die Absetzung der Sendung mit tschechischer Musik beklagte – Polkas und Walzer, dargeboten von Blasmusikkapellen, oder der von einem Ensemble begleitete Gesang zweier Schwestern in tschechischer Sprache; auch mir hatte diese Musik gut gefallen. Wie hätte ich verstehen sollen, warum die Bevölkerung im Deutschen Reich slawische Musik nicht hören durfte?

Gleich nach dem Eintritt in die Volksschule im Herbst 1939 begegnete ich in Eisenkappel ständig Polizisten und Soldaten in Uniformen, die ich vorher nie gesehen hatte und die mir deshalb fremd waren. Auch die häufig aus den Fenstern hängenden Fahnen hatte ich bisher nicht gekannt. Aber schon bald sollte ich die ›Segnungen‹ der neuen Zeit auf der eigenen Haut verspüren. Wahrscheinlich waren es genau solche Erfahrungen, die in mir als Kind unterbewusst den Widerstandsgeist gegen Unrecht geweckt haben, gegen ein diktatorisches Regime, das den Kärntner Slowenen den Gebrauch und das Erlernen ihrer Muttersprache verbot und die Slowenisch sprechende Bevölkerung als minderwertige Menschen behandelte.

Ich saß erst seit wenigen Tagen in der ersten Klasse der Deutschen Volksschule Eisenkappel. Unser Klassenlehrer war zugleich Schulleiter, wir nannten ihn »Herr Oberlehrer«. Er konnte Slowenisch, geboren war er nahe Kranj in Slowenien, war aber antislowenisch eingestellt. Eine einflussreiche Person, ein überzeugter Nationalsozialist nicht erst seit 1938, zum damaligen Zeitpunkt Leiter der allmächtigen NSDAP-Ortsgruppe.

An jenem Morgen betrat er die Klasse, und nach dem deutschen Gruß »Heil Hitler« fragte er, wer zu Hause »windisch« spreche. Zu Hause haben wir »sovej marnvali« – was im Dialekt soviel heißt wie »slowenisch geredet«. In deutsche Kreise kam ich nie. Als kaum sechsjähriges Kind kannte ich den Ausdruck »windisch« nicht, mit dem man uns Slowenen in der NS-Diktion bezeichnete, zumindest nicht bewusst; nie hatte mir jemand gesagt, ich würde windisch reden. Dennoch ahnte ich, wonach der Oberlehrer gefragt hatte.

Im Klassenzimmer wurde es still, quälend still. Wahrscheinlich hat das jeder schon einmal so erlebt, diese Stille, in der jede Sekunde eine Ewigkeit zu dauern scheint. Eine ungewisse Angst steigt auf und lähmt den ganzen Körper. Kein Schüler bewegte sich, alles war in Spannung erstarrt. Vermutlich erwartete der Ober-

Mit Mutter
Paula und
Vater Franc
vor dem
Schuleintritt
im Herbst
1939.

11

lehrer keine Antwort auf seine Frage. Hätte sich jemand selbst gemeldet, wäre es so gewesen, als hätte er sich freiwillig zu einer Ohrfeige, zu einem Fußtritt oder zum Holzscheit-Knien gemeldet. Der Herr Oberlehrer wiederholte seine Frage. Keine Antwort. Also erweiterte er seine Frage: »Ihr kennt euch doch untereinander. So soll ein anderer sagen, wer zu Hause windisch spricht.« Wieder war alles still, aber drei Finger deuteten auf drei Schüler. Einer dieser Finger war auf mich gerichtet. Mein Freund, wir wohnten im selben Wohnblock, eine Gehstunde von der Schule entfernt, hatte mich verraten. Vielleicht dachte er, man müsse in der Schule immer die Wahrheit sagen. Oder er begriff nicht, warum der Oberlehrer die Frage gestellt hatte und welches Unrecht ich dadurch zu erleiden hätte.

»Aufstehen! Heraus, zum Katheder!«, befahl uns dreien der Herr Oberlehrer. Wir blieben sitzen, wir wagten nicht einmal, uns zu rühren. Es war alles so unerwartet, wir waren nicht vorbereitet. Als sechsjährige Kinder waren wir nicht imstande zu verstehen, was um uns herum geschah. Wir redeten doch nur in unserer Muttersprache, sollten wir uns deswegen schuldig fühlen? Der Herr Oberlehrer wiederholte seinen Befehl, von Mal zu Mal schärfer. Dass wir ihm nicht nachkamen und alle drei mit gesenkten Köpfen in unseren Bänken sitzen blieben, versetzte ihn in rasenden Zorn. Er begann unfassbar zu brüllen. Ich erinnere mich, dass er schrie:

»Bei uns wird Deutsch gesprochen. Wer das nicht tun will, ist ein Feind der Heimat und sollte über die Karawanken nach Süden gejagt werden. Klaubt eure Sachen in den Zecker und verlasst sofort die Klasse! Solche brauchen wir nicht in der Schule. Verschwindet! Hinaus!« Ich weiß nicht mehr, wie ich meine Schulsachen alle in den Rucksack gestopft habe, mein Mitschüler half mir, den Zecker zu schultern, ich verließ die Klasse und machte mich auf den Weg nach Hause.

Ich weiß noch genau, dass ich mich unverständlicherweise schuldig fühlte und mich fürchtete, nach Hause zu gehen. Auch zur Großmutter in Eisenkappel traute ich mich nicht zu gehen. Bei meinem vier Kilometer langen Heimweg lag auf halber Strecke der Lesnik-Hof, dort versteckte ich mich im Zubau des Stalles, in dem sich die Holzhütte befand, und wartete, bis meine Mitschüler aus der Schule heimkamen. Danach ging auch ich nach Hause. Da ich Angst hatte, meine Mutter würde mit mir schimpfen, erzählte ich ihr nicht, was in der Schule vorgefallen war. Mein Freund aber erzählte es seiner Mutter und diese daraufhin gleich meiner. Meine Mutter stellte mich aber gar nicht zur Rede. Erst als mein Vater von der Arbeit nach Hause kam, riefen sie mich zu sich. Ich dachte mir: »Jetzt gibt's Prügel!« Aber es geschah nichts dergleichen. Ich musste bis in alle Einzelheiten erzählen, was geschehen war. Vater und Mutter waren erbittert. Sie beratschlagten, was zu tun sei. Dann beschlossen sie: »Du gehst nicht mehr in die Schule!« Ich war glücklich. Anstatt mich, wie ich es erwartet hatte, zu bestrafen, stellten sie sich hinter mich und ärgerten sich über den Lehrer. Sie versicherten mir, ich hätte nichts falsch gemacht. Mit meinem kindlichen Verstand versuchte ich mir die Angelegenheit zu erklären, ohne das Ausmaß und die Auswirkungen wirklich erfassen zu können.

Der Vorfall war wohl ein Grund dafür, dass sich in meiner kindlichen Seele unbewusst das Misstrauen gegenüber dem Regime und die Ablehnung extremer deutschnationaler Denkungsart eingenistet haben. Möglicherweise hat, neben der starken Familienbindung, genau das meine damaligen Entscheidungen und auch meine weitere persönliche Entwicklung beeinflusst.

Am folgenden Tag blieb ich also zu Hause. Noch am selben Tag kam ein Mitschüler zu uns und richtete uns vom Oberlehrer aus, ich solle wieder in die Schule kommen. Ich ging nicht. Am dritten Tag meiner unvorhergesehenen Ferien waren wir in Eisenkappel, um einzukaufen. Wir trafen den Herrn Oberlehrer. Er kam zu uns her und sagte zu meinen Eltern, er sei an jenem Tag sehr schlecht gelaunt gewesen, er hätte es nicht so gemeint und ich solle wieder zur Schule kommen. Am vierten Tag saß ich erneut in meiner Bank in der ersten Klasse. Über das Vorgefallene wurde nicht gesprochen, so, als ob nie etwas geschehen wäre.

AUF DEM SCHULWEG

In südlicher Richtung gegen Eisenkappel, zehn Minuten von der Zellulosefabrik Rechberg entfernt, steht noch heute ein eingeschossiges Gebäude, das die damaligen Besitzer der Fabrik für ihre Arbeiter erbauen ließen. Zwölf Familien lebten damals in den Zweizimmerwohnungen. Wir wohnten im ersten Stock in der Wohnung Nr. 10. Vor dem Haus befand sich eine ungefähr tausend Quadratmeter große Wiese. Unter dem bewaldeten Steilhang verlief der Weg, und auf der Westseite der Wiese stand eine langgezogene Holzhütte, in der für jede Familie ein Abteil vorhanden war. Dahinter erstreckte sich eine weitere Wiese bis zum Schweinestall, in dem auch wir unsere Schweine großzogen. Nicht weit hinter diesem Stall traf man damals auf die Geleise der Schmalspurbahn, die zwischen Kühnsdorf und

Arbeiterwohnhaus, errichtet von der Zellstofffabrik Rechberg/Reberca für die Arbeiter.

Eisenkappel verkehrte. Etwa zweihundert Meter westlich davon fließt die Vellach, und an ihrem linken Ufer entlang führt die Straße nach Eisenkappel und weiter zum Grenzübergang Seebergsattel. Hinter dem Haus erstreckten sich bis hin zur Eisenbahnstrecke weitläufige Felder und die Gärten der Arbeiterfamilien. Einst standen auf einer kleinen Anhöhe das Wohnhaus und die Wirtschaftsgebäude des Repl-Hofes. Als das Anwesen in den Besitz der Fabrik überging, wurden dort in allen Gebäuden Arbeiterwohnungen eingerichtet. Wir nannten dieses Anwesen »Alt-Repl«, unser Haus hingegen war »Neu-Repl«, da es auf den einstigen Repl-Wiesen erbaut worden war. Man nennt diese Gegend Oberblasnitzen.

Heute gibt es die Zellulosefabrik nicht mehr, der Zug hat seinen Betrieb schon vor über dreißig Jahren eingestellt.

Vom Wohnhaus aus gingen wir zu Fuß die vier Kilometer nach Eisenkappel zur Schule, um einzukaufen, um beim Gemeindeamt vorzusprechen ... Wie oft habe ich unser kleines vierrädriges Wägelchen bis zur Großmutter nach Eisenkappel gezogen, damit wir unsere Einkäufe aufladen konnten. Es war leichter, die Waren auf dem Wagen heimzuführen, als sie zu tragen. Hatten wir nur einige Kleinigkeiten einzukaufen, trugen wir diese im Rucksack nach Hause. Jeder von uns musste etwas tragen, ich nur wenig, Vater und Mutter mehr.

Alle Kinder von Repl, und wir waren nicht wenige, gingen, da das Fahren mit dem Zug zu teuer war, eine gute Stunde zu Fuß zur Schule. Der Weg führte am rechten Vellachufer entlang bis zur Brücke, die wir überquerten, um ungefähr zweihundert Meter vor dem Lesnik-Hof auf die Straße zu gelangen, die nach Eisenkappel führte. Der Zug kam dort ungefähr eine halbe Stunde vor Unterrichtsbeginn an. Etwa zur selben Zeit näherten uns auch wir dem Bahnhof und all jene, die sich uns unterwegs angeschlossen hatten.

Vom Bahnhof bis zum Friedhof erstreckte sich damals eine etwa zweihundert Meter lange, wunderschöne Allee aus mächtigen Kastanienbäumen, deren Äste hoch über der Straße zusammentrafen und ein Gewölbe bildeten. Wenn wir früh auf dem Schulweg waren, begegneten wir in diesem Tunnel der Truschner-Dora mit ihrem Wagen, der von einem Esel gezogen wurde. Sie brachte täglich die Post, die mit dem Zug gekommen war, auf ihrem Wagen zum Postamt, das auf dem Hauptplatz lag. Hatten wir getrödelt, war die Post schon verladen, und oft konnten wir den Eselskarren erst im Baumtunnel ein- und überholen. Eines Tages im Herbst, ich weiß, dass die Bäume noch Blätter trugen, kamen wir in den Tunnel, und da stand der voll beladene Eselskarren mitten auf der Straße. Der Esel rührte sich nicht von der Stelle, nervös und zornig wieherte er sein I-A, I-A ... Frau Dora, die Postbedienstete, versuchte vergeblich, ihn zum Weitergehen zu bewegen. Wir Kinder eilten ihr sofort zu Hilfe und schoben den Karren an, sodass der

Esel gezwungen war, ein paar Schritte zu machen. Nach einigen Metern zog er wieder brav seinen Karren, und wir rannten zur Schule. Einige Erwachsene, die uns bei der Geschichte mit dem Esel gesehen hatten, lachten lauthals über uns. Was uns entging, war, dass auch unser Oberlehrer vorbeigegangen war.

In der großen Pause, als alle Schüler und Schülerinnen im Schulhof spielten, erwartete uns eine Überraschung. Der Oberlehrer rief alle zu sich, die am Morgen geholfen hatten, den Eselskarren anzuschieben. Wir dachten schon, wir würden sicher gelobt werden. Als wir uns vor ihm aufstellten, wir waren etwa zu zehnt, brüllte er los, was uns eingefallen sei, uns so zu benehmen, die Leute nicht zu grüßen, auch ihn hätten wir nicht gegrüßt, als er vorbeigegangen sei, und, und, und ... Wir aber starrten ihn wortlos an. Zu guter Letzt ordnete er an, wir sollten ihn jetzt so grüßen, wie es angebracht sei, stramm, mit ordentlich gehobener rechter Hand. Wir taten dies wie kleine Soldaten und schrien ihm sein »Heil Hitler« entgegen. Noch bevor wir uns umdrehen und entfernen konnten, brüllte er wieder: »An die Wand und auf die Knie!« Wortlos gingen wir zur Wand und knieten dort bis zum Läuten. Den anderen Schülern, die dieser Vorstellung zusahen, hielt er uns als Beispiel für schlechtes Benehmen vor Augen. Dieser Mann nützte alle Möglichkeiten der gewaltsamen und brutalen Erziehung zum Gehorsam.

Obwohl der Vater in der Fabrik als Elektriker arbeitete, konnte er auch Schuhe reparieren,
Hausschuhe nähen und Körbe flechten. Er
machte viele dieser Dinge für die Bauern der Umgebung, und wenn er ihnen die fertigen Sachen
brachte, begleitete ich ihn fast immer. Im Sommer half er beim Mähen und Einbringen des
Heus. Üblicherweise bezahlten ihn die Bauern
mit Nahrungsmitteln, so litten wir zu Hause
nicht unter der Lebensmittelknappheit. Das war
besonders gegen Ende des Krieges von Bedeutung, als man mit den Lebensmittelkarten nicht
mehr genug Butter, Fleisch, Eier, Mehl und von
so manchem anderen bekam. Auf den Lebensmittelkarten waren Abschnitte für kleine Ratio-
nen. Für einen solchen Abschnitt gab es z. B. fünf
Gramm Butter, das reichte nur, um einmal ein

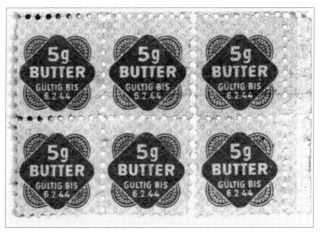

Teil einer Lebensmittelkarte.

kleines Stückchen Brot zu bestreichen. Einige dieser Abschnitte habe ich bis heute aufgehoben.

Die Milch holte ich üblicherweise allein, ich brachte immer zwei Liter nach Hause. Die Wege zu den Bauern, mit denen mein Vater sich abgesprochen hatte, waren unterschiedlich lang, manche waren nur zwanzig Minuten entfernt, zu anderen ging ich bis zu einer Stunde und danach ebenso lang zurück. Bei allen konnte ich Slowenisch reden und ich musste ihnen sagen, wann ich wieder kommen würde. Auf diese Weise habe ich mir die slowenischen Namen der Wochentage für alle Zeiten gemerkt. Ich wusste damals nicht, wozu diese Botengänge zu einem späteren Zeitpunkt noch gut sein würden ...

Reinwald war die größte Bäckerei in Eisenkappel. Neben Schwarz- und Weißbrot wurde auch verschiedenes Gebäck gebacken. Das alles konnte man am Hauptplatz, im Laden nahe der Pfarrkirche, kaufen. Das Geschäft ist noch heute an derselben Stelle.

An Feiertagen und Sonntagen aber wurden Bäckereiwaren in die nahe Umgebung von Eisenkappel ausgeführt, und zwar mit dem Fahrrad. Das mussten die Lehrlinge tun, und es war bestimmt keine leichte Aufgabe. Bei Schönwetter wurden die Lieferungen im Sommer bis zur vier Kilometer entfernten Zellulosefabrik ausgedehnt. Angestellte und Arbeiter konnten auf dem Fabriksgelände einkaufen, die zwei vorhandenen Gasthäuser nahmen wohl auch etwas Gebäck ab. Manchmal fuhr der dafür bestimmte Lehrling nach dem Lesnikbauer von der Straße auf den Fuhrweg und kam beim Alt-Repl und auch bei uns vorbei. Im Hof vor den Häusern machte er Halt, und die Bewohner konnten sich mit frischen Backwaren versorgen. Die Hausfrauen kauften immer Schwarzbrot, nur ganz selten Semmeln oder Süßes. Wenn ich daheim war und der Backwarenverkäufer eintraf, war ich im Nu im Hof. Sein Fahrrad war schwer und robust, vorne und hinten war ein besonderer Gepäckträger montiert, darauf waren Körbe mit Brot. Zudem hatte der Lehrling einen geflochtenen »Kosch« geschultert, wie ihn die Bauern zum Heutragen benutzten. Der war voll mit den leichteren Backwaren, den gut riechenden und süßen: Semmeln, Salzstangerln, Nusskipferln, Zuckerreinkerln. Den vollen Kosch konnte der Lehrling selbst nicht abnehmen und auf den Boden stellen. Er war zu schwer. Aber es war immer irgendwer da, der ihm dabei half oder einen Stuhl brachte, damit er die schwere Last nicht ganz zum Boden lassen musste. Ein anderer hielt das Fahrrad mit dem Brot darauf, damit es nicht kippte. Des Öfteren war ich das. Wenn alle ihre Einkäufe erledigt hatten, hob der Lehrling den Kosch wieder auf seinen Rücken, saß aber nicht auf, sondern schob das Fahrrad die hundert Meter bis zum kurzen, aber steilen Hang. Dort angekommen, hatte er Schwierigkeiten, mit dem Rad und seiner Last den Berg hinaufzukommen. Deshalb ging ich die kurze Strecke oft mit, manchmal schloss sich uns auch mein Freund an. Wir zehnjährigen Buben schoben das Fahrrad bis zum oberen Ende des Hügels. Von dort ging es nur noch bergab, und der Lehrling brauchte unsere Hilfe nicht mehr. Als Belohnung erhielten wir immer eine Semmel. Ob einer half oder zwei, die Belohnung war immer eine einzige Semmel. Der Bäckerlehrling musste in der Bäckerei genau abrechnen. Vom Bäcker, der ihm die Ware für den Verkauf mitgab, hing es ab, wie viel überzählige Semmeln der Lehrling mithatte, die er selbst essen oder verschenken konnte.

Ob es nun eine halbe oder eine ganze Semmel war, immer war es ein Erlebnis, langsam zurück zum Haus zu marschieren und genussvoll die Semmel zu kauen. Zu dieser Zeit waren Semmeln für uns etwas Besonderes, da wir sehr selten welche bekamen. Ein Zuckerreinkerl erhielt ich nur ein paar Mal im Jahr. Und wenn mich die Erinnerung nicht täuscht, sind Geruch und Geschmack der Semmeln von damals nicht mit dem der heutigen vergleichbar, damals waren sie viel besser. Zum Glück buk die Mutter ab und zu Kuchen, so konnte ich meinen Wunsch nach Süßigkeiten stillen und war zufrieden. Ich wusste, dass der Monatslohn des Vaters knapp war und für süße Gelüste nicht verschwendet werden durfte.

NAZISTISCHE PROPAGANDA

Der Großteil der Lehrer an der Schule war deutsch eingestellt, slowenisch Sprechen war verboten. Nur an zwei Lehrerinnen erinnere ich

22

mich gern zurück. In der ersten Klasse hatten wir Schiefertafeln, auf die wir auch unsere Hausübungen schrieben. Später, als wir die Kurrentschrift erlernten, schrieben wir in Hefte. Der Unterricht lief auf herkömmliche Weise ab. Vom heutigen Unterricht unterschied er sich insofern, als besonderer Wert auf Dinge gelegt wurde, die dem nationalsozialistischen und großdeutschen Gedankengut, der Mission des deutschen Volkes, der Kriegsmaschinerie und der Verherrlichung Hitlers dienlich waren. Die gesamte politische Erziehung richtete sich nach diesen Ideen, die Erziehung zum Glauben war jedoch aus der Schule verbannt worden. Wir wurden von den Lehrern regelmäßig mit den Errungenschaften der NSDAP und der Obrigkeit vertraut gemacht, anfangs auch mit den militärischen Erfolgen an den europäischen Fronten. Manchmal kam der Oberlehrer, der Ortsgruppenleiter der NSDAP war, in unsere Klasse und verteilte kleine Karten, die wie Spielkarten aussahen, mit Fotos oder Zeichnungen verdienter Soldaten und Beschreibungen ihrer Heldentaten. Wir sollten uns diese Helden zum Vorbild zu nehmen und wie sie treue deutsche Staatsbürger und tapfere Soldaten werden. Außer dem Bild von Hitler blieben mir noch zwei in Erinnerung; auf einem war Feldmarschall Rommel zu sehen, damals Oberbefehlshaber der deutschen Truppen in Afrika, das andere Bild zeigte einen Hauptmann der Luftwaffe – wenn ich mich recht erinnere, war sein Name Mölders –, der mit seinem Jagdflugzeug, einer Messerschmitt, viele Feinde vernichtet hatte, die meisten von ihnen Engländer.

Über die Kinder, denen in der Schule das nationalsozialistische Gedankengut eingeflößt wurde, versuchte man, auch auf die Familien Einfluss zu erlangen. Manchmal führte uns der Oberlehrer ins Kino, wo wir uns kurze Propagandafilme über militärische Erfolge und über das Geschehen im Staat ansehen durften. Bis heute habe ich die Stimmen von Hitler und Göbbels im Ohr, die mehrmals in der Woche auch aus dem Radio dröhnten.

Ich erinnere mich an Plakate, die das englische und das amerikanische Staatsoberhaupt als lächerliche und heimtückische Gauner darstellten, die mit den Juden gemeinsame Sache machten und angeblich den Krieg verschuldet hatten. Deutschland musste sich wehren – so verdrehten sie die Wahrheit. Als die Schlimmsten und Hässlichsten wurden die Juden dargestellt, man verglich sie mit Schädlingen oder Ratten und schob ihnen die Hauptschuld am Krieg zu.

In Eisenkappel betrieb ein Jude ein Geschäft. Mein Vater und meine Mutter kauften oft bei ihm ein, mir schenkte er jedes Mal ein Zuckerl. Schon vor meinem Eintritt in die Schule wurde das Geschäft plötzlich geschlossen, und niemals habe ich einen dieser Menschen wiedergesehen. Meine kindliche Vorstellung von Juden deckte sich aber keineswegs mit der amtlich vorgeschriebenen Sichtweise. Zudem lernte ich schon in der

ersten Klasse die Einstellung der Nationalsozialisten zur slowenischen Sprache und zur slowenischen Bevölkerung in Kärnten kennen. Im
Hinblick auf die Sprache begann mein Vater sehr
bald, mir die neue Situation zu erklären. Er ging
dabei sehr behutsam und vorsichtig vor und
tröstete mich damit, dass es nicht immer so bleiben würde. Meine Mutter fürchtete, ich könnte
jemandem davon etwas erzählen. Es brauchte
nicht viel, und schon wurde man zum gefährli-
chen Staatsfeind.

Wagendorfer, Mitglied der SA und NSDAP,
war Leiter der Holzabteilung in der Zellulosefabrik Rechberg und verantwortlich für die politische Erziehung der Fabriksarbeiter. Für jene
Leute, die, wie mein Vater, nicht besonders gut
Deutsch sprachen, hatte er einen verpflichten-
den Deutschkurs angeordnet. Es wurde allen
nahegelegt, auch in der Familie und mit Freun-
den Deutsch zu sprechen, woran sich mein Vater allerdings nicht hielt. Immerhin hatte es zur
Folge, dass er in der Öffentlichkeit seltener Slowenisch sprach. Er kannte die NS-Denunzian-
ten, die in seiner Umgebung wohnten. Einer von
ihnen lebte in einer der zwölf Wohnungen des
Gebäudes, in dem auch wir wohnten. Da mir
mein Vater aufs Genaueste beigebracht hatte,
wie ich mich verhalten solle, wusste ich schnell,
wann und wo und mit wem ich Slowenisch reden durfte.

Ein gutes Jahr nach dem Anschluss Österreichs an das Großdeutsche Reich erschien über

dem Eingangstor des Hauses, in dem wir wohnten, ein etwa zwei Meter langes und fünfzehn Zentimeter hohes Transparent mit der Aufschrift »Kärntner sprich deutsch, die Sprache ist Ausdruck deiner Gesinnung!« Ich ging gerade lange genug zur Schule, um die Worte selbst lesen zu können, ihre Bedeutung erfasste ich nicht. Bald kannte ich die Aufschrift auswendig. Den Inhalt erklärten mir Nachbarn folgendermaßen: Wer nicht Deutsch spricht, ist ein Feind des Führers Adolf Hitler. Mir gefiel dieser Führer aber nicht. Auf Bildern und Plakaten nicht, und noch weniger gefiel mir sein aufdringliches Geschrei, das sowohl aus dem Radio wie auch aus der Wochenschau im Kino dröhnte.

Das Transparent über dem Eingangstor sehe ich noch deutlich vor mir, auch, wie es nach mehr als einem Jahr einsamen Dahängens aussah: durch das Dach nur schlecht geschützt, von Wind, Sonne und Regen ausgebleicht und halb zerrissen. Es war nicht gerade ein schönes Transparent, und es musste sich auch manche gehässige Bemerkung gefallen lassen. Eines Morgens war es weg. Wir wussten nicht, wer es entfernt hatte, wir konnten nur Vermutungen anstellen.

Militärischer Drill

Ich glaube, ich war schon in der vierten Klasse, als wir Buben zu militärischen Spielen und Ge-

DIE DEUTSCHE ARBEITSFRONT
NS.-Gemeinschaft „Kraft durch Freude"
Gau Kärnten
Deutsches Volksbildungswerk

DEUTSCH-SLOWENISCHES
SLOWENISCH-DEUTSCHES
WÖRTERBUCH

von

FERDINAND JANACH

Auflage 20.000

Druck: NS.-Gauverlag und Druckerei Kärnten
G. m. b. H., Zweigverlag Krainburg

schicklichkeitsübungen eingeteilt wurden. Jemand kam in die Klasse und erklärte, dass die letzte Unterrichtsstunde ausfalle, alle Buben sollten sich dann im Schulhof einfinden. Wir wurden einem sechzehnjährigen »Hajotler« in Uniform überlassen. Wir mussten tun, was er von uns verlangte. Zuerst wurde exerziert, und wir lernten seine Befehle auszuführen. Danach kamen Wettkampfübungen. Das Marschieren und all die Dinge, die er uns tun ließ, gefielen uns nicht besonders, wir hätten viel lieber Indianer oder Räuber und Gendarm gespielt. Die weniger sportlichen Mitschüler mussten oft noch zusätzliche Runden auf dem Schulhof laufen, weswegen sie uns Leid taten. Dieser Hitlerjunge suchte aus seiner Gruppe einige Wochen vor Schulschluss ein paar Schüler aus, die zu den Sporttagen nach Völkermarkt fahren sollten. Ich war einer von ihnen. Gefragt, ob ich wollte, hat mich natürlich niemand. Im Juni verbrachten wir dann unter seiner Leitung drei Tage im Jugendlager der HJ in Völkermarkt. Früh am Morgen wurden wir aus den Betten geworfen, mussten das Bett machen und dann zum Frühsport eilen. Als wir wieder in unsere Unterkunft kamen, lagen alle Decken und Leintücher auf dem Boden. Das hatte während unserer kurzen Abwesenheit ein anderer uniformierter Hajotler gemacht. Er stand inmitten der Baracke und brüllte mit voller Lautstärke, wir aber machten brav noch einmal unsere Betten. Er kontrollierte unsere Arbeit, war aber mit einigen noch immer

nicht zufrieden. Nach einer weiteren Kontrolle
ging er endlich hinaus und ließ uns in Ruhe. Auf
diese Weise wurden wir planmäßig zum Gehorsam erzogen. Am Sonntag warteten Vater und
Mutter auf dem Bahnhof in Rechberg auf mich.
Auf dem Heimweg erzählte ich ihnen von meinen
Erlebnissen bei den Sporttagen. Zu Hause bekam ich Pudding, mit selbstgemachtem Him-
beersirup übergossen. Und das war in jenen Tagen etwas ganz Besonderes.

Krieg und Vertreibungen

Noch ist der Krieg weit weg

Anfangs war der Krieg für uns Kinder etwas, das sich irgendwo in der Ferne abspielte, er hat uns nicht besonders beschäftigt. Zwar hörten wir im Radio davon, und im Kino sah man Bilder vom Krieg, Plakate machten darauf aufmerksam, und vor allem in der Schule wurde viel davon geredet. Aber für uns war das eher wie die Geschichten von den Indianern und den Weißen, nur dass hier immer die deutsche Armee gewann. Doch nach dem Überfall auf Jugoslawien im Jahr 1941 begannen auch wir Kinder den Krieg unmittelbarer zu spüren, und im Jahr 1942 wurde es noch schlimmer. Die Gespräche der Erwachsenen klangen zunehmend besorgter, denn der Überfall auf Jugoslawien hatte vielen die Augen geöffnet. Sie hatten erkannt, dass Hitler das gesamte Europa unterwerfen wollte, und das konnte nichts Gutes bringen. Am 14. und 15. April 1942 wurden an die tausend Kärntner Slowenen aus rassistischen und politischen Gründen vertrieben. Furcht griff um sich, und einige begannen die Fäuste zu ballen. In unserer Gegend gab es schon sehr früh Widerstand gegen die Nazis, er nahm aber erst an Intensität zu, als zahlreiche Partisanen von südlich der Karawanken zu uns kamen. Die Niederlage der Paulusarmee in Stalingrad im Winter 1942/43 gab den Partisanen neuen Auftrieb. Diese Niederlage bestärkte die Erwachsenen in der Meinung, Hitler werde den Krieg verlieren. Ich erinnere mich daran, dass wir Schüler bei den Sammlungen für die 250.000 eingeschlossenen deutschen Soldaten mitmachten. Hitler hatte versprochen, andere Einheiten würden die Eingeschlossenen befreien, doch der strenge russische Winter und das Vorrücken der sowjetischen Armee machten es unmöglich. Von Mitte November 1942 bis Anfang Februar 1943 berichtete das Radio täglich von den Kämpfen im belagerten Stalingrad. In dieser militärisch längst aussichtslosen Lage ergab sich Generalfeldmarschall Paulus mit den Resten seiner Armee den Russen. Von da an bewegte sich die Front unaufhaltsam aus den besetzten Gebieten Russlands auf die Grenzen des Großdeutschen Reiches zu. Der Mutter meines Schulfreundes, der auch in unserem Wohnblock wohnte, wurde 1943 mitgeteilt, dass ihr Ehemann in der Ukraine verschwunden sei. Auf dem Grabstein auf dem Friedhof von Rechberg stand geschrieben: »Vermisst in Russland.«

Immer öfter erfuhren wir von Aktionen der Partisanen in unserer Gegend – offiziell sprach man von Banditenaktionen – und von der Vertreibung von Bauernfamilien, die den Partisanen etwas zu essen gegeben hatten. Wir hörten von den ersten Bombenangriffen auf Kärntner Städte, von Beschießungen der Schmalspurbahn zwischen Miklauzhof und Rechberg und davon, dass Bekannte oder Verwandte im Konzentrationslager Dachau gestorben waren. Ein Großteil unserer Bekannten hatte den gleichen Gedanken: »Der Krieg wird bestimmt noch heuer zu Ende sein!« Diesen Satz hörten wir damals oft, und wir Kinder legten ihn auf unsere Weise aus.

Ein Teil der Schule wird zur Kaserne

Es muss im Jahr 1943 gewesen sein, als in Eisenkappel, am südlichsten Punkt des deutschen Reiches, eine Abteilung der 12. SS-Division einquartiert wurde, um eine Ausweitung des Widerstandes zu verhindern. Die Soldaten quartierten sich im Gregorhof, im großen Gebäude der ehemaligen Bergwerksleitung gegenüber der Schule und auch im Erdgeschoß des Schulhauses ein. Im großen Schulhof standen nun Lastwagen, zwei Geschütze und Fahrzeuge des Militärs. Wir Schüler konnten den Schulhof fast nicht mehr nützen. Anfangs beobachteten wir neugierig die Soldaten, ihre Ausrüstung und Waffen, die stets bewachten Geschütze und das regelmäßige Antreten vor dem Ausrücken ins Gelände. Nach ein paar Wochen hatten wir uns daran gewöhnt.

Die Militärlastwagen für den Truppentransport waren mit Planen verkleidet, darunter befanden sich an der Seite und in der Mitte Sitzbänke. In jedem war Platz für zwanzig oder noch mehr Soldaten. Die Lastwagen blieben nicht vor dem Haupteingang der Schule stehen, sondern fuhren in den Schulhof herein oder von dort hinaus.

Eines Tages am späten Vormittag blieben zwei Lastwagen vor der Schule stehen. Da unser Klassenzimmer im ersten Stock lag, konnten wir auf die Straße sehen. Die Lehrerin schrieb etwas an die Tafel, wir schrieben ab. Ein neugieriger Mitschüler aus der letzten oder vorletzten Bank trat ans Fenster. Was er sah, ließ ihn laut aufschreien: »Tote!« Blitzartig stürzten wir zum Fenster. Die Lehrerin, die als Letzte dazugekommen war, einen Blick auf das Geschehen im Hof zu werfen, rief sofort: »Setzen!« Niemand gehorchte gleich, denn wir sahen gebannt auf die verwundeten und toten Männer auf dem Lastwagen. Einer von ihnen wurde gerade ins Gebäude getragen. Von denen, die auf dem Boden des Lastwagens lagen, konnten wir nur die Beine sehen. Die Lehrerin jagte uns mit lauten und zornigen Worten von den drei großen Fenstern weg zur gegenüberliegenden Wand. Sie schimpfte noch eine Weile mit uns, war aber selbst sehr verstört und wusste nicht, was sie tun sollte. Als die Lehrerin nach fünf oder zehn Minuten wieder aus dem Fenster blickte, waren die Lastwagen weggefahren. Wir setzten uns wieder und schrieben weiter, obwohl wir nicht richtig bei der Sache waren. Die Müdigkeit, die sich in den letzten Unterrichtsstunden oft einschlich, hatte sich verflüchtigt. Alle waren wir aufgeregt und unruhig. Einer meiner Mitschüler wollte von der Lehrerin wissen, warum die Soldaten da unten tot waren, aber er konnte die Frage nicht einmal stellen. Sie herrschte ihn zornig an, er solle schweigen. So war sie noch nie zuvor gewesen. Sie drehte sich um und begann wieder auf der Tafel zu schreiben. Wir aber rutschten auf unseren Bänken herum und flüsterten miteinander. Diejenigen, die in der Fensterreihe saßen, schauten von Zeit zu Zeit aus dem Fenster auf die Straße. Die Schulglocke, die das Unterrichtsende anzeigte, wollte an diesem Tag gar nicht erklingen. Als es dann endlich läutete, brach in der Klasse großer Wirbel aus. Jeder wollte von jedem irgendetwas wissen. Viele hatten von den Vorkommnissen auf der Straße nichts oder nur sehr wenig gesehen. Sie waren zu langsam gewesen oder hatten keinen Platz an einem der Fenster ergattert. Die Lehrerin aber verschwand schneller als sonst aus der Klasse und begleitete uns nicht wie üblich zur Garderobe.

Auf dem Heimweg sprachen wir natürlich über nichts anderes. Nur die Kinder aus zwei Klassen hatten den Vorfall bemerkt, wir aus unserer Klasse am besten, hatten wir doch die Lastwagen von hinten gesehen und waren vor der Lehrerin am Fenster gewesen. Wir schmückten die Geschichte ordentlich aus. Einige wollten wissen, wie viele Tote es gegeben hatte, und wir sprachen großspurig von einem ganzen Haufen. Zu Hause erzählte ich zuerst alles meiner Mutter und, als der Vater von der Arbeit nach Hause kam, auch ihm.

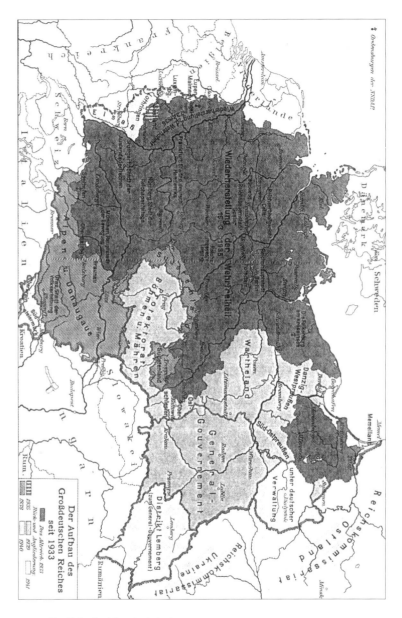

Großdeutschland als Lebensraum.

Zuerst hörte er mir nur zu, dann wollte er wissen, wie viele Tote es gewesen seien und ob sie Stiefel oder Schuhe angehabt hätten. Das wusste ich aber nicht, denn ich war ja nur einen Augenblick am Fenster gewesen. Damals stand mein Vater schon in Verbindung mit den Partisanen. Er riet mir, niemandem von dem Vorfall zu erzählen. Sollte ich aber gefragt werden, so solle ich sagen, dass ich durchs Fenster einen Toten und sonst nur Verwundete gesehen hätte, mehr wisse ich nicht.

Viele Jahre später habe ich mich mit Einheimischen über die Partisanenaktivitäten in Ebriach unterhalten und traf dort auf einen Augenzeugen jenes Vorfalles. Er erzählte mir, dass die Partisanen beim Pršečev most, der Prschetschev Brücke, deutsche Soldaten aus dem Hinterhalt überfallen hatten, weil sie die Schlägerung und den Abtransport von Holz verhindern wollten. Im Kampf fielen sechs oder sieben deutsche Soldaten und viele wurden verwundet. Einer der Partisanen trug eine Verwundung am Bein davon, von der er sich in einem Bunker unter der Koschuta erholte.

FLIEGERBOMBEN

Voranc und die Seinen wohnten gleich neben uns, in der Wohnung Nr. 9. Er hatte Probleme mit seinen Beinen – er war im Ersten Weltkrieg verwundet worden – und war deswegen vorzeitig in den Ruhestand getreten. Neben seiner Arbeit in der Fabrik hatte er sich vorher schon gern in der Holzhütte oder im Schweinestall und im Winter als Fleischer beschäftigt. Als Ruheständler saß er an schönen Tagen häufig, allein oder in Gesellschaft, auf der Bank neben dem Tisch im Hof. Ab und zu spielte er ein paar Liedchen auf seiner Harmonika. Wir Kinder waren gern mit ihm zusammen, denn er hatte für uns immer Zeit und wusste interessante Geschichten zu erzählen. Wenn er im Hof war und ich nichts zu tun hatte, gesellte ich mich zu ihm. Er erzählte gern von seinen wahren und erfundenen Abenteuern aus dem vorigen Weltkrieg. Er erklärte uns, wie wir uns im Fall einer Schießerei oder bei einem Granatenangriff zu verhalten hätten, um uns zu schützen. Wenn auch die Kinder vom Alten Repl bei uns waren, spielten wir oft »Angriff auf die Festung« – den großen Tisch und die beiden langen Bänke. Voranc führte den Oberbefehl und lachte lauthals, wenn er uns zusah, wie wir rannten, fielen, wieder aufstanden, schossen und schrien und uns am Ende zerstritten, weil keiner tot sein wollte.

Ich erinnere mich lebhaft an einen warmen Märznachmittag im Jahr 1945. Ein paar Kinder waren mit Voranc im Hof. Wir hörten, wie schon oft zuvor, das Brummen der amerikanischen bzw. englischen Bomber, noch bevor sie zu sehen waren. Sie flogen sehr hoch. Zuerst sah man über den Hügeln die Jagdflugzeuge, dann kamen die Bomber. Das Brummen wurde lauter, die

Flugzeuge waren irgendwie Furcht einflößend. Sie kamen aus dem Süden und flogen in Richtung Klagenfurt, wo die Menschen sicher schon in den Luftschutzkellern saßen oder auf dem Weg dorthin waren. An jenem Tag aber wurde Klagenfurt nicht bombardiert. Wir fühlten uns nicht gefährdet, sondern beobachteten die glänzenden Flugzeuge, zählten sie und wunderten uns über deren große Zahl. Immer neue Geschwader von Flugzeugen flogen über den Hügel heran. Aus der letzten Gruppe löste sich ein Bomber und begann, über uns eine Schleife zu ziehen. Die Fabrik lag nur eine Viertelstunde von uns entfernt. Wir begannen, den Grund des beobachteten Manövers zu ahnen. Und tatsächlich, vom Flugzeug lösten sich zwei dunkle Punkte, die rasch größer wurden. Ein lautes Geräusch erfüllte die Luft, wie ein starkes Rauschen und Pfeifen. Dieses Geräusch, so hatte es uns Voranc vorher oft erzählt, verursachten auch die Granaten aus den Geschützen. »Deckung!«, schrie Voranc. Einen Augenblick lang standen wir wie versteinert da, Voranc lag bereits unter dem Tisch, dann krachte es fürchterlich, die Erde bebte kurz, im Haus zerbrachen zwei Fensterscheiben, und wir Kinder lagen im Nu, aber doch zu spät, um Voranc herum, der rechtzeitig unter den Tisch gekrochen war. Die Bewohner unseres Blockhauses kamen auf die Balkone gerannt und fragten erschrocken, was geschehen sei. Eine Mutter zeigte auf uns, die wir unter dem Tisch hervorkrochen und wieder auf die Füße kamen. Voranc stand als

Letzter auf und erklärte, was wir gesehen und erlebt hatten. Es mussten schwere Bomben gewesen sein, die etwa fünfhundert Meter von uns entfernt, jenseits von Eisenbahngeleisen, Fluss und Straße, im bewaldeten Gelände eingeschlagen hatten. Am nächsten Tag machten wir, drei oder vier Kinder, uns auf den Weg über die Brücke auf die andere Seite des Flusses und suchten lange den Wald ab. Doch wir fanden nur ein tiefes Loch und ein paar zerfetzte Bäume. Mehr war nicht zu sehen, und wir suchten nicht weiter.

Dieser Vorfall sorgte lange Zeit für Gesprächsstoff. Die Erwachsenen lachten jedes Mal, wenn sie von Voranc und den Kindern unter der Bank redeten. Der »Soldat« Voranc aber führte uns vor Augen, was geschehen wäre, hätten die Bomben das Haus getroffen oder die Zisternen der Fabrik, die mit Chlor vollgefüllt waren. Durch seine anschaulichen Schilderungen bekamen wir eine Ahnung vom wahren Grauen des Krieges, den die Arbeiterfamilien in unserer Gegend in erster Linie durch den allgemeinen Mangel an Lebensmitteln und anderen Dingen des täglichen Bedarfs kannten.

Die Bombenangriffe auf deutsche Städte wurden immer häufiger. In der Schule fanden sie im Deutschunterricht auch Eingang in unsere Hefte. Wir bauten sie in Ausrufungssätze ein. Im Heft aus dem Jahre 1944 fand ich eine solche Schulübung, anderthalb Seiten lang. Sie war interessant zu lesen, wies sie doch auf die große Gefahr hin, wenn Bomben fielen, erwähnte die

Furcht vor Fliegerangriffen, ermutigte zum Heldentum und machte klar, dass so etwas zum Alltag gehöre und man es ertragen müsse. Da war keine Rede von den Leiden der Bevölkerung, von verbrannten und zerstörten Städten, Brücken, Fabriken ...

DREI KINDER VERSCHWINDEN AUS DER KLASSE

Eines Vormittags, vermutlich war es im Herbst des Jahres 1943, betrat der Oberlehrer, ohne anzuklopfen, unsere Klasse. In seiner Begleitung war ein deutscher Offizier mit einer Liste in der Hand, von der er drei Namen vorlas. Der Oberlehrer befahl dem Mädchen und den zwei Buben, aufzustehen, ihre Schulsachen in den Rucksack zu packen und ihm zu folgen. Wir waren fassungslos, auch Frau Majcen, unsere Lehrerin. In der Klasse breitete sich nach diesem unerklärlichen Vorfall quälende Stille aus, der Unterricht wollte nicht mehr richtig in Gang kommen. Der Vorfall bedrückte uns sehr. Wir ahnten, worum es ging und bestürmten unsere Lehrerin mit Fragen, sie aber wich aus, sagte, sie wisse nichts, die Kinder müssten vielleicht mit ihren Eltern irgendwohin und würden sicher bald zurückkommen. In der Pause redeten wir natürlich über nichts anderes, und einer der Mitschüler verwendete den Ausdruck »Banditen«. Jene Kinder, welche die Gräben um Eisenkappel kannten,

Ausrufsätze.

Bei Fliegeralarm:

Achtung, Fliegeralarm!

Sie kommen schon!

Schnell in den Splittergraben!

Die Flak schießt schon!

Uh, ein Bomber stürzt ab!

Ein Bomber in Flucht!

Fein, einen hat's getroffen

Ei, wie jault er!

O, Fallschirmjäger springen ab!

Die Polizei erwartet sie!

(Das) Schau, es brennt schon!

Es schlägt schon am Boden auf!

O, (O) der Bomber zerbricht!

Wie die (die) Neugierigen laufen!

O, wie die Bomben rauschen!

Ach, wieder neue Verbände im Anflug!

Fein, sie schwenken ab!

Bald wird Entwarnung sein!

Wie wird die frische Luft gut tun!

Hoffentlich ist zu Hause nichts passiert!

Hurra, Entwarnung!

Schreibheft-Seite aus dem Jahre 1944. Die Kinder werden auf Gefahren im Krieg aufmerksam gemacht.

41

wussten von Bauernhöfen zu erzählen, von denen ganze Familien vertrieben worden waren und wo die Häuser nun leer standen. Ich wusste, dass Herr Schwarz aus dem Nachbarhaus Alt-Repl in Oberblasnitzen von Polizisten abgeholt worden war, ohne dass er je zurückgekommen wäre. Herr Schwarz hatte in der Fabrik gearbeitet und mein Vater hatte sich mit ihm sehr gut verstanden. Er hatte gern und viel fotografiert und seine Negative und Fotos selbst entwickelt. Unter anderem hatte er Fotos von den ersten Partisanen in den umliegenden Bergen gemacht.

So haben wir herumgegrübelt und überlegt, was mit den dreien geschehen würde. Wenn ich mich heute zurückerinnere, fällt mir nachträglich auf, wie unterschiedlich sich meine Mitschüler damals verhalten und geäußert haben. Ein paar verwendeten in Verbindung mit den örtlichen Vorkommnissen das Wort »Partisan«, der Großteil hörte nur zu, und einige wenige benahmen sich so, wie es die deutsche Propaganda vorschrieb. Sie sprachen von »Banditen« und dass man sie »bum bum bum!« umbringen sollte.

In einem Haus in der Nähe des Hauptplatzes lebte meine Großmutter. Sie war die Mutter meiner Mutter und damals schon Witwe. Eine sehr gläubige, ruhige und freundliche Frau. Wenn ich sie besuchte, hatte sie für mich immer ein Stückchen Reindling und eine Tasse Tee oder ein Glas Saft. Ich habe sie sehr gern gehabt.

Außer die zweihundert Meter zur Kirche ging sie kaum wohin. Den ganzen Krieg hindurch hielt sie, wie viele andere in Eisenkappel, in einem kleinen Stall hinter dem Haus eine Ziege. Mein Vater mähte für sie den Steilhang, pflückte die Zwetschken und machte kleine Reparaturen am Häuschen. Mich schickte sie oft ins Geschäft. Die Großmutter konnte fast überhaupt nicht Deutsch, aber das war in unserer Gegend damals nicht ungewöhnlich. Sie interessierte sich nicht für Politik, sie sprach auch nicht darüber, aber mit der neuen Ordnung konnte sie sich nicht anfreunden, vor allem nicht mit der angeordneten neuen Art zu grüßen. Vermutlich ging sie auch deswegen kaum aus dem Haus. Weil sie es sich gewünscht hatte, ging ich zum Religionsunterricht. Das wurde von der Obrigkeit damals nicht gern gesehen, wenngleich die Nationalsozialisten die Kirche ständig für ihre Zwecke benützten. Die deutschen Soldaten hatten sogar auf ihren Gürtelschnallen den Schriftzug »Gott mit uns«.

Der Religionsunterricht fand in deutscher Sprache im Pfarrhof und in der Pfarrkirche statt. Wir waren nur wenige, die daran teilnahmen. Herr Zechner war zur damaligen Zeit Pfarrer in Eisenkappel, und als die drei Kinder an jenem Tag aus der Klasse geholt wurden, sagten wir es dem Pfarrer im Religionsunterricht. Als wir in der Kirche vor dem Altar standen und dem Pfarrer zuhörten, konnte sich einer von uns nicht zurückhalten und erzählte, was in der Schule geschehen war. Der Pfarrer hörte zu, schweigend, sein ohnehin bleiches Gesicht wurde noch bleicher, und einige Zeit stand er ganz ruhig da und starrte irgendwohin in die Ferne. Dann sagte er: »Kinder, lasst uns beten!« Er faltete die Hände, drehte sich um, kniete vor dem Altar nieder und begann zu beten. Viele Jahre später habe ich erfahren, dass er die Partisanen unterstützt und einmal in Ebriach mit ihnen die Messe zelebriert hatte. Die drei Kinder, die abgeholt und vertrieben worden waren, sind nie wieder in die Schule zurückgekehrt.

ABGEHOLT UND VERSCHLEPPT

In unserer Gemeinde haben die nazistischen Machthaber ab dem Herbst 1942 ganze Familien von ihren Bauernhöfen vertrieben, vom Kleinkind bis zu sehr alten Personen, wenn diese nur gehen konnten. Diese gegen den immer stärker werdenden Widerstand der Bevölkerung dies- und jenseits der Karawanken gerichtete Kampfmaßnahme traf die vorwiegend bäuerliche Bevölkerung um Eisenkappel sehr stark, auch bei uns in Blasnitzen. Das Gebiet ist gebirgig, bewaldet und dünn besiedelt. Hauptsächlich handelt es sich um Bauernhöfe auf steilen Berghängen. Nur in den Tälern, in denen sich Bäche in Richtung Eisenkappel winden, stehen mancherorts mehrere Häuser nahe beieinander. Die Bevölkerung, die hier fast ausschließlich Slowenisch sprach, litt. Zum bescheidenen Leben und der alltäglichen Mühe um das tägliche Brot gesellte sich in diesen Jahren noch der wachsende politische Druck. Die Tätigkeit slowenischer Genossenschaften, Sparkassen, Kulturvereine war verboten, ihr Besitz beschlagnahmt, slowenische Bücher wurden öffentlich verbrannt oder anderswie vernichtet. All das heizte den Widerstand gegen den Nazismus an.

Ab dem Herbst 1944 fuhr ich mit der Eisenbahn in die Hauptschule in Grafenstein. Zuerst mit der Schmalspurbahn, dem »Eisenkappler Fike«, bis Kühnsdorf, dann mit dem Zug, der aus Bleiburg kam, weiter nach Grafenstein. Die Hauptschule in Grafenstein war eine Außenstelle der Hauptschule Klagenfurt, deren Gebäude bei Bombenangriffen stark beschädigt worden war. Der Unterricht erfolgte im Volksschulgebäude. Schon im ersten Halbjahr wurde der Unterricht wegen häufiger Bombenalarme beträchtlich gestört. Ganze Schwärme amerikanischer Bomber und Jagdflugzeuge, die von Stützpunkten in Italien gestartet waren, überflogen fast täglich Kärnten. Gewöhnlich lagen ihre Ziele nördlich von Kärnten. Wegen solcher Alarme hockten wir häufig im Luftschutzraum, wo der Unterricht behelfsmäßig weitergeführt wurde. Wir sangen und lasen oder hatten Stillarbeit. Wenn wir Bomben explodieren hörten, wussten wir, Klagenfurt ist an der Reihe, was uns beunruhigte und verängstigte. Viele von uns hatten in Klagenfurt einen Verwandten bei der Arbeit oder der dort wohnte. Ich selbst hatte in Klagenfurt zwei Tanten mit ihren Familien und eine Cousine, die eigentlich in Eisenkappel daheim war. An solchen Vormittagen waren unsere Gedanken, auch wenn es bald wieder still wurde und wir Schüler in der Klasse saßen, außerhalb der Schule. Sorgen bereitete uns auch die Ungewissheit, wie wir heimkommen sollten, wenn Bomben auf die Geleiseanlagen am Hauptbahnhof fielen und diese zerstörten. Zweimal geschah es, dass alle, die mit dem Zug zur Schule fuhren, vergeblich auf dessen Ankunft in Grafenstein warteten. Als wir vom Bahnhofsvorstand erfuhren, die Ankunft des Zuges sei nicht vorhersagbar, es werde mehrere Stunden dauern, machten wir uns zu Fuß auf den Heimweg. Wir marschierten die Straße entlang über die vom Militär bewachte Draubrücke bei Gallizien, wo wir das so genannte »Bandenkampfgebiet« Südkärntens betraten, bogen vor Miklauzhof den Hügel hinauf nach Rechberg ab, gingen den steilen Hügel auf der anderen Seite hinunter zur Fabrik und von dort jeder seinen Weg nach Hause. Rüben, die wir unterwegs vom Acker geholt und gegessen hatten, taten uns nicht gut. Nach vier Gehstunden kam ich in der Dämmerung heim, hungrig und müde. Die Eisenkappler brauchten eine Stunde länger. Am nächsten Tag blieben wir daheim.

Bald hatten alle Züge vor der Lokomotive einen Waggon mit einem Flugabwehrgeschütz vorgekoppelt. Drohte ein Fliegerangriff, dann fuhr der »Fike« nicht bis zum Bahnhof, sondern blieb im Waldstück vor Kühnsdorf stehen. Alle mussten wir dann aussteigen und uns im Wald verstecken. Erst wenn der Lokführer Dampf abließ und ein lautes Pfeifen ertönte, das Signal für die Beendigung des Alarms, stiegen wir wieder in den Zug, setzten uns auf unsere Plätze, und weiter ging es bis zum Bahnhof. Zum Glück wurde unser Zug nur selten angegriffen, dennoch versäumten wir immer öfter den Unterricht.

Es geschah auch, dass der Zug aus Bleiburg in Kühnsdorf nicht eintraf, das Warten war vergeblich. In solchen Fällen stiegen wir in den Fike und warteten drinnen, bis er uns wieder heimbrachte. Ich erinnere mich, dass der Fike eines Tages zwischen Miklauzhof und Rechberg von Partisanen angegriffen wurde. Die Lokomotive wurde beschossen, jedoch nicht ernsthaft beschädigt. Damals war ich nicht im Zug. Seit dem Angriff der Partisanen fuhren im Zug mehrere bewaffnete Militärangehörige mit.

Eines Morgens im Herbst 1944 saß ich wieder in der Schmalspurbahn und döste vor mich hin. An die Lokomotive war der Postwaggon angehängt, dann drei Personenwaggons, mehr nicht. Ich saß gemeinsam mit anderen Schülern im letzten Waggon. Erwachsene reisten nicht gerne im letzten Waggon, aus zwei Gründen: erstens verlor sich die Wärme von der Lokomotive in den Leitungen bis zum letzten Waggon, sodass sie diesen nicht mehr genug wärmte, und zweitens waren wir Schüler manchmal ziemlich laut. Als Fike in Kühnsdorf anschnaufte, verließen wir nach und nach den Waggon. Keine Eile war ge-

47

boten, wir mussten immer noch auf den Blei-
burger warten. Gemeinsam bewegten wir uns
langsam in Richtung Geleise fort, zur Stelle, wo
der Zug aus Bleiburg immer anhielt. Beim Postwaggon unterbrachen wir unsere Wanderung, da
sich dort ein ungewöhnlicher Vorgang abspielte.
Vor dem Waggon stand, nach vorne gebeugt, auf
einen Gehstock gestützt, ein sehr alter Großvater von kleiner Gestalt und eine zierliche alte
Großmutter, wahrscheinlich seine Gattin. Beide
waren feierlich angezogen, in Dunkelgrau oder
Schwarz. Er hatte einen schwarzen Hut mit brei-
ter Krempe auf, sie ein schwarzes Kopftuch um
den Kopf gebunden. Beide standen unbeweglich
da, mit gesenkten Köpfen, wie versteinert. Die
letzten Reisenden gingen langsam an ihnen vorbei und schauten sie verwundert an. Neben ihnen nämlich stand ein Militärpolizist mit ge-
schultertem Gewehr, ebenso wortlos und re-
gungslos. Am Boden, nicht weit von ihnen, waren zwei kleine Holzkoffer und zwei größere, mit
einer Schnur abgebundene Schachteln abge-
stellt.

Der zweite Militärpolizist stand an der Treppe
zum Aufgang in den Waggon und half einer jungen Mutter mit drei kleinen verängstigten und
schluchzenden Kindern beim Aussteigen. Das äl-
teste Kind war viel jünger als ich. Jedes Kind hielt
in der Hand irgendeine Kleinigkeit. Der Rest war
wahrscheinlich in den Koffern und Schachteln.
Nach dem Aussteigen gesellten sie sich zu den
beiden Alten, sie gehörten zusammen. Nun be-

wegte sich die Familie fort. Der Großvater und die Großmutter trugen je eine Schachtel, die junge Mutter einen Koffer, den anderen der Militärpolizist. Das kleinste Kind, einen Mutterfinger festhaltend, zappelte daneben her. So schritten sie zum Bahnhofsgebäude.

Ganz langsam gingen wir hinter ihnen her, ohne Worte, in Gedanken versunken, traurig. Jemand sagte: »Was haben die denn angestellt?«. Und ein anderer: »Das sind doch keine Banditen.« Die Mehrheit der Schüler wusste wohl, was hier geschah.

Als ich, wieder daheim, am Abend das Erlebnis den Eltern erzählte, hörten sie mir betroffen zu. Der Vater meinte: »Sie wurden in ein Lager transportiert.« Die Mutter fügte hinzu: »Hoffentlich wird das nicht auch uns geschehen.«

Widerstand

STAATSFEINDLICHE RADIOSENDER

Solange das Haus, in dem wir wohnten, keine Elektrizität besaß, hatten wir ein von einem Zwölf-Volt-Akkumulator betriebenes Radio der Firma Minerva. Mein Vater hörte immer den Londoner Sender BBC in deutscher Sprache, was streng verboten war. Die Sendungen begannen mit einem Trommelwirbel: bum bum bum – bummm, mehrmals hintereinander. Aus dem Radio erfuhr mein Vater, wie es an den Fronten stand. War unser Nachbar aus dem Erdgeschoß zu Hause, der, wie mein Vater, in der Fabrik arbeitete, musste ich auf dem Gang oder zwischen den Türen stehen und meinem Vater ein Klopfzeichen geben, sobald jemand über die Treppe heraufkam. Wir wussten, dass dieser Nachbar gerne vor den Türen oder unter den Fenstern der Mitbewohner hockte und lauschte. Gewiss hatte er dafür einen Auftrag. Einmal öffnete ich schnell die Eingangstür und traf ihn damit am Kopf, ich glaube, es hat ihm ziemlich wehgetan. Ich entschuldigte mich und ging zur Toilette. Danach kam er viel seltener.

Die Radionachrichten über das Geschehen auf den Schlachtfeldern gaben meiner Mutter

Hoffnung: »Es sieht so aus, als ob der Krieg bald zu Ende sein wird. Lange halte ich das nicht mehr aus!« Mein Vater pflegte wichtige Neuigkeiten auf den Rändern der Zeitung mit irgendeiner Flüssigkeit zu notieren. War die Schrift trocken, wurde sie unsichtbar. Wahrscheinlich benutzte er Chlorlauge, mit der in der Fabrik auch die Zellulose gebleicht wurde. So manches Mal saßen wir gemeinsam im Licht der Petroleumlampe in der Küche, ich bei meinen Hausaufgaben, er bei seinen Aufzeichnungen. Um die Schrift sichtbar zu machen, musste man sie gegen die Sonne oder eine starke Lichtquelle halten. Seine Nachrichten waren für die Partisanenkuriere bestimmt, die in einem Bunker in der Nähe vom Bauernhof Zec versteckt hausten.

Erste Kontakte zu den Partisanen

Über Franz Weinzierl, einen Bauern aus Zauchen bei Rechberg, war mein Vater seit dem Herbst 1942 im Kontakt mit den damals noch wenigen Partisanen. Der Bauer überbrachte den Partisanen die Dinge, die mein Vater in der Fabrik bei den Arbeitern für sie gesammelt hatte. Weinzierl wurde, gemeinsam mit einer Anzahl von Leuten aus Zell Pfarre und den umliegenden Gräben, von der Gestapo verhaftet. Er war einer jener dreizehn Kärntner Slowenen, die des Hochverrats angeklagt und im April 1943 in Wien enthauptet wurden.

Nach seiner Verhaftung machte sich in unserer Familie Furcht breit, Mutter und Vater sprachen oft flüsternd miteinander und stellten sich die möglichen Folgen vor – immer wieder war von weiteren Verhaftungen zu hören. Da der Vater seit dem Frühling 1943 selbst mit den Partisanen in Verbindung stand und, nach nur kurzer Unterbrechung, in der Fabrik bald wieder für die Partisanen Geld und andere dringend gebrauchte Dinge sammelte, blieb die Situation in der Familie in dieser Hinsicht bis zum Ende des Krieges unverändert; irgendwie gewöhnten wir uns daran. Die Angst verblich mit der Zeit, bis wir die nächste schlechte Nachricht bekamen: Im KZ Dachau war Juri Kašnik, der Bruder meines Onkels aus Eisenkappel gestorben. Die Gestapo hatte Herrn Schwarz mitgenommen, der beim »Alten Repl« gewohnt hatte, auch er starb im Lager. Micka, die Schwester meines Vaters, und ihre Tochter Hedvika hatte man in ein deutsches Lager verschleppt ...

Die für die Partisanen bestimmten Sammlungen in der Fabrik waren offensichtlich sehr erfolgreich. Immer wieder trugen mein Vater und ich die gesammelten Sachen zu den Bauernhöfen Jerin, Šumi, Štok, Zec oder Šimanc, und manchmal, im Sommer, auch direkt in den Wald, wo mein Vater mit den Partisanen Treffpunkte vereinbart hatte. Ich erinnere mich an zwei solcher Treffen – am späten Nachmittag, als es im Herbst schon dunkelte. Wir waren in der Stube beim Šimanc, einem kleinen Bauernhof, der schon lange im Besitz der Zellulosefabrik war. Pächter war die Familie Kastrun. Herr Kastrun war in der Wehrmacht und kehrte von der russischen Front nicht zurück. Der Hof stand in ziemlich steilem Gelände, ein Stück über der Fabrik, wir mussten etwa eine halbe Stunde hinaufgehen. Die Gruppe, mit der sich mein Vater traf, bestand meist aus drei Partisanen, manchmal waren sie zu viert oder zu fünft. Wir wussten damals nicht, dass sie aus dem Kurierbunker kamen, der hinter dem Zec-Anwesen war. Bis zum Zec hatten wir eine Stunde zu gehen, ab und zu noch

Beleg einer Zahlung an Rok Kašnik (Rochus Kaschnig), den Bruder meines Onkels, der im Herbst 1944 nach Dachau verschleppt worden war und am 23. 1. 1945 im KZ starb. Ob er je etwas von dem, was wir an Geld und Essen geschickt haben, bekommen hat?

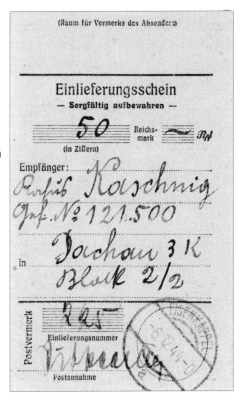

eine halbe Stunde weiter, in Richtung Obir, zum
Štok-Anwesen. An den festgelegten Stellen er-
warteten uns immer ein oder zwei Partisanen.

Hilfe von oben

Unserem Wohnhaus gegenüber war ein Steilhang mit einer »Fratn«, einem Kahlschlag, der
etwa eine Gehstunde entfernt lag und zu dem
wir im Sommer immer hinaufstiegen, um Him-
beeren zu pflücken. Eines Tages, es war im
Herbst 1944 und die Sonne stand schon tief, sahen wir auf dieser Fratn ein starkes Glitzern. Der
Jäger, der im Haus wohnte, schaute mit seinem
Fernglas hinauf und stellte fest, dass die Son-
nenstrahlen etwas beleuchteten, was vorher
nicht dagewesen war. Alle Hausbewohner starrten hinauf und rätselten, was diese Erscheinung
wohl sein könnte. Mein Freund und ich bekamen den Auftrag, es herauszufinden. Am nächsten Morgen eilten wir hangauf, vorbei am Haus
seiner Großmutter, wo er immer Milch holte,
und eine halbe Stunde später waren wir am Ziel.
Wir mussten nicht lange suchen. Im Gebüsch
lag ein etwa zwei bis drei Meter langer Metallbe-
hälter. Er war geöffnet und leer. Zu Hause er-
zählten wir, was wir gesehen hatten. Nun rätselten die Erwachsenen weiter, woher der Behälter wohl gekommen sei und was das alles
überhaupt zu bedeuten habe. Am wahrschein-
lichsten erschien ihnen, dass ihn ein beschä-

digtes Flugzeug abgeworfen haben könnte. Doch was war darin gewesen? Ein paar Tage darauf erfuhr mein Vater von den Partisanen, dass die Engländer einige Nächte zuvor verschiedene für sie bestimmte Dinge abgeworfen hatten, darunter auch Waffen und Munition. Einer der Piloten hatte den Obir mit der Koschuta verwechselt und seine Behälter im Obirgebiet abgeworfen. Einer davon war ziemlich weit vom Gipfel entfernt auf dem uns gegenüberliegenden Steilhang gelandet. Damals dürften wohl die Deutschen diesen abgeworfenen Behälter gefunden und entleert haben.

IM DIENST DER GESTAPO

Im Spätherbst 1944 tauchte in der Tischlerei der Zellulosefabrik ein sehr junger Mann auf, er war vielleicht 25 Jahre alt. Er war aus Oberkrain und Mitarbeiter der Gestapo, der Geheimen Staatspolizei. Man traf ihn gelegentlich nicht in der Tischlerwerkstatt an, wenn er gerade in langen Spaziergängen die Umgebung erkundete, manchmal war er sogar in der Nacht unterwegs. Die Partisanen hatten meinen Vater schon lange vorher vor dieser Sorte von Leuten gewarnt. Mein Vater hatte in der Fabrik als Elektriker in allen Abteilungen zu tun, und so lernten sie sich bald kennen und plauderten miteinander. Der Spitzel suchte uns immer öfter auf und versuchte, unser Vertrauen zu gewinnen. Seine Aufgabe bestand offensichtlich darin, von uns und von anderen möglichst viel über die örtlichen Bewegungen und Aktivitäten der Partisanen zu erfahren. Meine Mutter fürchtete ihn und sagte ihm immer nur, dass sie nichts wisse, sie sei ja immer zu Hause und für Politik interessiere sie sich überhaupt nicht. Für mich hatte dieser junge Mann in der Tischlerei ein Paar Schi gemacht und sie mir zu Weihnachten geschenkt. Es waren meine allerersten Schi, doch leider konnte ich nicht lange damit fahren. Wegen der Nässe verzog sich der rechte Schi, und mit dem Schifahren war Schluss. Meine Geheimnisse hielt ich vor dem jungen Mann sorgfältig verborgen. Als Elfjähriger hatte ich schon genug Erfahrungen gesammelt, um zu wissen, was geschehen würde, wenn ich ihm nur das Geringste von den Partisanen erzählte.

Nach Absprache mit den Partisanen unterbrachen wir unsere üblichen Unterstützungstätigkeiten in dieser Zeit fast völlig. Auch die Sammelaktionen in der Fabrik hörten vorübergehend auf. Bei einer Hausdurchsuchung hätte man die Sachen bei uns gefunden, und unsere ganze Familie wäre ins KZ gekommen. Nach Vereinbarung mit den Partisanen und der Zec-Bäuerin, bei der die Partisanen wie zu Hause ein- und ausgingen, lud mein Vater den jungen Mann ein, ihn zum Zec zu begleiten. Er war sofort begeistert, und wir marschierten zu dritt los. Mein Vater brachte der Zec-Bäuerin zwei Weidenkörbe, die sie angeblich bei ihm bestellt hatte, und bekam als Lohn ein paar Liter Most und Lebensmittel. Auf diese Weise war jeder Verdacht, wir hätten etwas mit den Partisanen zu tun, von uns abgelenkt.

Der Spion redete mit uns immer Slowenisch. Die Sprache sollte wohl Vertrauen zwischen uns herstellen, waren doch Gespräche in Slowenisch verboten.

Der psychische Druck auf die Menschen war damals sehr groß, besonders meine Mutter litt darunter. Auch ich spürte diesen Druck. In der Nacht wachte ich oft aus bösen Träumen auf und begann Polizei, SS und SA richtig zu hassen. Obwohl das nationalsozialistische Regime zu dieser Zeit schon mit großen Problemen zu kämpfen hatte und der Krieg für Deutschland verloren war, hörten die Nazi-Propaganda und die Verheißungen vom Endsieg nicht auf.

Von den Partisanen erfuhren wir auch dies: Personen wie der junge Mann tauchen nachts, als Partisanen verkleidet, auf, bitten um Nahrungsmittel und versuchen, dies und das in Erfahrung zu bringen. Wenn sie Erfolg haben, wird die gesamte Bauernfamilie kurz darauf in ein KZ gebracht.

Ich weiß um zwei Bauernhöfe, Brežjak und Kopanz, wo nach Kriegsende niemand mehr zurück nach Hause gekommen ist.

Mitten im Winter, etwa drei Monate, nachdem der junge Mann in der Fabrik aufgetaucht war, verschwand er im Jänner 1945 so unvermittelt, wie er gekommen war. Wir hatten die Prüfung bestanden. Unsere Tätigkeit im Widerstand gegen die Nazis konnte in gewohnter, gut eingespielter Weise weitergehen.

TABAK FÜR DIE PARTISANEN

Im Frühling 1944 brachte mein Vater von einem Treffen mit den Partisanen seltsame Samenkörner mit. Er wollte sie einsetzen und sehen, was daraus wachsen würde. Er bastelte eine längliche, schmale und niedrige Kiste, füllte sie mit Erde an und setzte die Körner ein. Die Kiste stellte er auf das breite Fensterbrett im Schlafzimmer, wohin einige Stunden am Tag die Sonne schien. An Regentagen und in der Nacht stand diese Kiste in der Küche am Herd, wo es immer gleich warm war. Ich weiß nicht mehr, wie viele Wochen wir auf das Wunder warteten. Eines Tages war es dann soweit: Aus der Erde wuchsen dünne Pflanzen, eher gelb als grün. Ich staunte: »Jetzt haben wir Tabak!« Langsam wuchs er dichter und üppiger, aber der Tabak blieb unser Geheimnis.

Die Pflanzen wurden größer, Vater und Mutter überlegten, was damit weiter geschehen sollte: »Wenn sie zehn oder zwanzig Zentimeter groß sind, werden wir sie in den Garten setzen müssen. Aber was werden die Nachbarn dazu sagen?« Es hätte sich schnell herumgesprochen, dass ein Nichtraucher Tabak angepflanzt hat! Warum und für wen? Keiner konnte sagen, was sich aus so einer Geschichte entwickeln könnte. Die Eltern besprachen miteinander, wie sie auf eventuelle Fragen antworten wollten, und ich bekam aufgetragen, was ich sagen sollte, nämlich, dass ich zwar wisse, dass in unserem Garten Tabak wächst, das sei aber schon alles.

Die Mutter setzte also die Pflanzen in den Garten. Weil aber im Gemüsegarten nur für etwa zwanzig Pflanzen Platz war, schenkte mein Vater die übrigen dem Nachbarn Voranc, der leidenschaftlich gern rauchte. Nun wuchs auch in seinem Garten Tabak. Der Großteil der Pflanzen gedieh sehr gut, die Blätter wurden immer größer. Bald waren die Tabakspflanzen über einen Meter hoch. Die reifen Blätter pflückte mein Vater ab und trug sie auf den Dachboden, wo sie, auf Drähte gefädelt, von den Dachsparren hingen. Ich kann mich nicht mehr erinnern, wie lange sie da hingen, ich weiß nur noch, dass mein Vater die eingerollten trockenen Blätter in sehr dünne Streifen schnitt, die danach noch eine Weile trocknen mussten. Der Großteil des Tabaks fand seinen Weg in die Wälder zu den Partisanen, den Rest verteilte der Vater an seine Freunde und Bekannten, vor allem an die Fabriksarbeiter, damit sie den Ertrag aus heimischem Anbau probieren konnten. Die Reaktionen waren ungefähr im Sinn von »Hast du nichts Besseres, ist es ganz gut«.

DIE WLASSOV-DIVISION

Etwa ein Jahr vor Kriegsende tauchte in der Fabrik eine deutsche Einheit mit Ukrainern auf, die Wlassow-Soldaten. Die ungefähr fünfzig Männer waren im Kulturhaus stationiert, wo früher immer kulturelle Veranstaltungen, Kinovorstellungen und Tanzabende stattgefunden hatten. Das Gebäude stand mitten auf dem Fabriksgelände, wo auf der einen Seite das Holz gebracht, gereinigt und zerhackt und auf der anderen Seite in Schwefelsäure gekocht, gebleicht und zum Endprodukt, der Zellulose, verarbeitet wurde. Auch unter den Offizieren gab es kaum Deutsche. Sie wohnten im ersten Stock jenes Hauses, in dem sich die Büros der Fabriksleitung befanden. Das Haus steht noch heute, etwas erhöht im Hang über dem Fabriksgelände.

Eine kleinere Abteilung der Wlassow-Soldaten verteilte sich im Dorf Rechberg auf die Räumlichkeiten des Gasthofes Kapus und einige umliegende Bauernhöfe. Der Kommandant beider Abteilungen, ein deutscher SS-Hauptmann, wohnte beim Bvažun gegenüber dem Gasthaus. Die Einheit sollte die Fabrik vor Überfällen der Partisanen schützen. An der Brücke über die Vellach und beim Übergang über das Wehr waren Tag und Nacht Wachen postiert, ebenso am Weg, der an unserem Haus vorbei zur Fabrik führte, und dann wieder an der engsten Stelle des Tales, wo nur Platz für die Straße, den Fluss und die Schmalspurbahn war. In der Nacht patrouillierten sie zudem noch im Gelände. Beim Haus mit den Büros, in dessen erstem Stock die Befehlsstelle eingerichtet war, errichteten sie einen großen betonierten Bunker mit einem mächtigen Scheinwerfer und einem Flugabwehrgeschütz. Der Scheinwerfer war die ganze Nacht eingeschaltet und suchte alles in seinem Umkreis nach Beweglichem ab. Seinen Lichtstrahl konnte man in der Dunkelheit über unserem Haus kreisen sehen. An Stellen, von wo es leicht gewesen wäre, die Fabrik anzugreifen, an den Abhängen rundherum und über der Straße, wurde der ganze Wald abgeholzt und das Gebüsch entfernt.

Tagsüber konnten sich Einheimische und Arbeiter ungehindert bewegen, doch sobald es dunkelte, wurden Passanten sehr genau beobachtet und des Öfteren auch angehalten.

Gleichzeitig bewachten diese Soldaten auch die Baracke, in der die russischen Gefangenen untergebracht waren, sowie die Baracken mit den Frauen, die aus der Ukraine, damals ein besetzter Teil der Sowjetunion, zum Arbeitsdienst verpflichtet worden waren. Am Rande des Holzladeplatzes gab es eine weitere Baracke für die gefangenen Franzosen. All diese Menschen arbeiteten in der Fabrik.

GEHEIME TREFFPUNKTE

Der Kuhl (Kuchl) und der Črnežl, gemessen an den örtlichen Gegebenheiten eher größere Bauern, waren ungefähr eine Wegstunde von uns entfernt. Der Kuhl-Hof liegt am Rande von zum Teil sehr steilen Äckern und Wiesen, auf denen viele Obstbäume wachsen, am Fuß eines jener Hänge, die sich bis zum Obir – Ojstrc oder Hochobir – hinziehen. Ober dem Kuhl-Hof liegt Bukovnik. Der Črnežl-Hof befindet sich etwa zwanzig Gehminuten davon entfernt tiefer im Tal, wo das Gelände nicht mehr steil ist. Rund um den Hof habe ich als zehnjähriger Bub auf abschüssigen Wiesen, abgeernteten Äckern und Waldlichtungen die halben Sommerferien lang Kühe gehütet. Ich übernachtete auch auf dem Hof und half dort bei verschiedensten leichteren Arbeiten. So manchen Abend drehte ich das Butterfässchen, bis aus dem Rahm Butter wurde.

Es war ein sonniger Sonntagnachmittag im Spätherbst des Jahres 1944, als wir, die Mutter, der Vater und ich, uns im Wald überm Kuhl-Hof mit drei Partisanenkurieren trafen. Die Eltern unterhielten sich mit zweien, der dritte, Srečko, plauderte ein bisschen abseits mit mir.

Im Wald war es ruhig und still. Die Partisanen hatten uns gesagt, solange sich Vögel und andere Tiere des Waldes normal verhielten, bestehe keine Gefahr. Plötzlich hörten wir ein paar hundert Meter unter uns, auf halbem Weg zum Črnežl-Hof, zwei Schüsse. Zwei Partisanenkuriere waren, schon bevor wir mit den anderen zusammentrafen, zum Hof gegangen, um Post und Lebensmittel zu holen, und hätten eigentlich schon zurück sein sollen. Meine Mutter und ich erschraken, auch die anderen wurden unruhig. Die zwei Partisanen, die mit meinen Eltern gesprochen hatten, versteckten sich am Waldrand unter den Bäumen, Srečko ging in die Richtung, aus der die Schüsse gekommen waren. Meine Eltern und ich begaben uns zum Kuhl-Hof und warteten ab. Mein Vater erzählte den Bauersleuten, was geschehen war. Erst langsam begriff ich, warum sie so erschrocken waren. Sie hatten die Schüsse mit Wlassow-Soldaten in Verbindung gebracht, die manchmal dort umherpatrouillierten.

Meine Eltern und ich eilten zum Črnežl. Keiner von uns sagte etwas, wir wussten ja auch nicht, was geschehen war und wo. Als wir von der Wiese auf den Waldweg traten, erblickten wir eine Kolonne von Soldaten der Wlassow-Einheit, die im Laufschritt etwa hundert Meter vor uns in den Wald einbog. Wir beschleunigten unsere Schritte, konnten sie aber nicht mehr sehen. Wir kamen recht atemlos beim Črnežl an, der Vater erzählte, was er wusste, und wir eilten gleich weiter auf die Straße nach Miklauzhof. Wir hätten auf Waldwegen über Rechberg nach Hause gehen können, es wäre viel näher gewesen, aber wir wagten es nicht.

In der Fabrik erfuhr der Vater, dass die Partisanen einen der beiden Wlassow-Soldaten, die auf Patrouille gewesen waren, erschossen hatten, der zweite war entkommen. Die Partisanen hatten dem Toten Waffe und Munition abgenommen, später brachten ihn die Wlassow-Leute auf einer Trage nach Rechberg. Sie wollten den Kuhl-Hof niederbrennen und Geiseln erschießen, doch das ließ der deutsche Offizier nicht zu. Beinahe wären wir auch unter den Geiseln gewesen.

Von den Partisanen haben wir später erfahren, dass ihre beiden Kuriere gerade auf dem Weg vom Črnežl zum Treffpunkt gewesen waren, als sie die zwei Wlassow-Soldaten durch den Wald näher kommen sahen. Sie konnten sich nicht mehr verstecken, also beschlossen sie, die zwei Soldaten zu entwaffnen. Mit dem Gewehr im Anschlag stürzten sie sich aus dem Hinterhalt auf die beiden und verlangten die Herausgabe der Waffen. Einer griff sofort nach dem Gewehr und wollte feuern, doch der Partisan war schneller. Der zweite Soldat flüchtete, die Kugel aus dem Gewehr des anderen Partisanen verfehlte ihn. Sie verfolgten ihn nicht, da die Partisanen den strengen Befehl hatten, den Feind nicht in der Nähe von Siedlungen und abgelegenen Höfen zu überfallen. Damit wollte man Racheaktionen der deutschen Soldaten an den Einheimischen verhindern.

Dieser Vorfall zog zum Glück keine militärischen Aktionen nach sich. In den steilen, bewaldeten Abhängen des Obir wäre das auch wenig erfolgversprechend gewesen und hätte eine viel größere Anzahl Soldaten erfordert. Im Gebiet südlich der Drau, das auf Himmlers Befehl als Banditenkampfgebiet bezeichnet wurde, hatte die deutsche Wehrmacht auch in größeren Orten und an strategisch wichtigeren Punkten nur kleine Einheiten stationiert, die die Orte und Verkehrsverbindungen schützen sollten. Mehr war zu jener Zeit nicht mehr möglich. Zudem war bekannt, dass sich in unserer Gegend keine größeren Partisaneneinheiten aufhielten.

Srečko, der Partisanenkurier

Seit Anfang des Jahres 1944 gingen wir nicht mehr zum Jerin. Vermutlich war das nach der Verhaftung von Herrn Schwarz, der als Aktivist tätig gewesen war, zu gefährlich. Auch zum Šumi kamen wir selten. Dort hat mein Vater einmal im Spätherbst, im Wald versteckt, für den Besitzer und die Partisanen heimlich Schnaps gebrannt: Der Kessel stand in einem Graben, das Wasser wurde in ein Schaff gefüllt, der Rauch wurde durch ein Dach aus trockenen Ästen gefiltert, rundherum war dichtes Gebüsch. Weil das Brennholz gut trocken war, gab es auch fast keinen Rauch.

Wie ich anfangs erzählt habe, ging mein Vater schon früher, besonders aber während der Kriegszeit, zu den oben genannten und auch zu anderen Bauern in der Umgebung, um ihnen bei der Arbeit zu helfen oder um etwas zu reparieren. Da er Elektriker war, konnte er Kocher und Bügeleisen reparieren, aber er war auch in anderen Dingen sehr geschickt. Die abgelegenen Höfe hatten damals alle noch keinen elektrischen Strom, auch in den Fabrikswohnungen bekamen wir erst Ende 1943 Elektrizität. Die Weidenkörbe, die mein Vater flocht, trugen wir zu den Bauern in der Umgebung, im Winter banden wir sie auf den Schlitten. Während des Krieges verkaufte mein Vater seine Erzeugnisse nicht, sondern tauschte sie gegen Lebensmittel ein, fehlte es doch nach dem Jahr 1942 an allem. Auf diese Weise hatten wir an manchem Tag auch etwas Besonderes auf dem Tisch. Im Sommer half mein Vater bei der Mahd, im Herbst bei der Obsternte. Ich freute mich immer, wenn er mich mitnahm, da konnte ich ein bisschen helfen und bekam eine Jause.

Bei den Bauern gab es zur Jause selbstgebackenes Roggenbrot mit Butter. Geselchtes oder gekochtes Fleisch bekamen wir nur sehr selten, eher gab es ein Stückchen Speck. Was aber immer auf dem Tisch stand, war Milch, im Sommer saure Milch.

Alle wussten, dass mein Vater immer den Bauern bei der Arbeit half, so war auch sein ständiges Kommen und Gehen nicht verdächtig. Er konnte leichter als andere mit den Partisanen in Verbindung bleiben. Obwohl ich oft an Treffen beim Šimanc, beim Zec oder im Wald dabei war, durfte ich bei den vertraulichen Gesprächen nicht zuhören. Damit mir nicht langweilig wurde, beschäftigte sich Srečko mit mir, ein sympathischer zwanzigjähriger Partisan, der aus Ljubljana kam. Er erzählte mir immer etwas, fragte mich nach der Schule und nach Neuigkeiten von zu Hause. Wegen der Umstände hatte er seine Ausbildung im Lehrerseminar in Ljubljana noch nicht beenden können. Seine Redeweise konnte ich nicht immer verstehen, da er ein sehr schönes Schriftslowenisch sprach, das mir aber fremd war. Von ihm lernte ich Ausdrücke, die es in unserem örtlichen slowenischen Dialekt nicht gab, zum Beispiel, dass man für »zid« (Mauer) auch »stena« (Wand) sagen kann, für »radl« auch »kolo« (Fahrrad), für »dečva« (Dirndle) auch »dekle« (Mädchen) … er kannte aber auch viele Worte nicht, die uns hier geläufig waren, wie »mračnik« für »netopir« (Fledermaus). Ich habe mich sehr gern mit ihm unterhalten. Wenn wir uns trennten, erinnerte er mich immer an die Heimlichkeit unseres Tuns und erklärte mir eindringlich, was uns geschehen könnte, wenn das in falsche Ohren gelange. So lernte ich zu schweigen und war stolz, Mitwisser großer und gefährlicher Geheimnisse zu sein.

Meine Arbeit als Kurier

Manchmal musste mein Vater auch an Sonntagen in der Fabrik arbeiten. Ab und zu wurde er woanders hingeschickt. In solchen Fällen musste ich allein die Milch holen gehen. Es gab einen genauen Plan, wann ich bei welchem Bauern die Milch holen musste. Ich ging also jede Woche zwei- oder dreimal. Im Jahr 1944 war ich des Öfteren allein unterwegs. Zweimal begleitete mich ein Freund, das erste Mal gingen wir zum Šimanc, das zweite Mal zum Zec, der weiter weg war. Der Freund begleitete mich auf Wunsch meines Vaters. Weil wir beim Zec auf die Milch warten mussten – manchmal entwischten die Kühe von der Weide –, war es schon dunkel, als wir nach Hause kamen. Seine Mutter schimpfte mit uns und erlaubte ihm nicht mehr, mich zu begleiten. Auch selbst wollte er nicht mehr so lange Fußmärsche unternehmen. Mein Vater hatte genau das erreicht, was er beabsichtigt hatte: Niemand sollte irgendeinen Verdacht schöpfen, wenn ich allein zu den Bauern ging. Wenn ein Treffpunkt verabredet war, legte er mir in die Milchkanne, die zwei Liter fasste, viel von dem hinein, was er in der Fabrik für die Partisanen gesammelt hatte – Geld, Batterien, Verbandzeug, Medikamente usw. –, und ich trug die Dinge zu den betreffenden Bauern. Auf dem Rückweg hatte ich immer Milch in der Kanne. Diesen Dienst als Kurier leistete ich bis zum Ende des Krieges, auch in der Zeit, als mein Vater schon bei den Partisanen war. Etliche Jahre nach dem Tod meines Vaters fand ich zufällig eine Liste »Für das Rote Kreuz haben gespendet ...« mit Namen und Art der Spende. Die meisten dieser Leute kannte ich, sie lebten in der näheren Umgebung, in Rechberg und sogar in der Nachbargemeinde in der Ortschaft Goritschach. Ich habe diese Liste als Erinnerungsstück aufbewahrt, nur schade, dass kein Datum auf ihr verzeichnet ist.

Angst

Beim Erledigen meiner Kurierdienste fühlte ich in meinem Körper oft eine plötzliche Spannung, mir wurde so heiß, dass ich schwitzte, mein Herz pochte, ich fühlte es im Hals, lähmende Angst befiel mich. Gewöhnlich dann, wenn ich, meine Zweiliterkanne vollgefüllt mit verschiedenen Sachen für die Partisanen, am Wachposten vor der Vellachbrücke vorbei musste. Mit vollem Rucksack ging ich nie über die Brücke. Den ersten Wachposten bei dem Pferdestall und den Garagen konnte ich auf dem Steg jenseits der Bahnlinie umgehen, den Wachposten vor der Brücke aber nicht. An ihm musste ich vorbei, wenn im Bachbett zu viel Wasser war und ich die Vellach nicht schon ein paar hundert Meter vor der Brücke queren konnte, um auf die Straße zu gelangen. Deshalb waren die Sachen in der Milchkanne so ausgewählt, dass sie notfalls einer Kontrolle standhalten konnten.

Trotzdem jagte mir die aufsteigende Angst die verschiedensten Gedanken durch den Kopf. Ich erinnerte mich an die ständigen Warnungen des Partisanen Srečko, an die der Mutter und des Vaters. In Gedanken wiederholte ich die vorbereitete Ausrede für den Fall einer Kontrolle, spürte aber im Unterbewusstsein, dass man mir nicht glauben würde, wenn ich sagte, dies alles müsse ich zum Beispiel zum Zec tragen, weil es die Bäuerin bestellt habe. Die Angst wuchs, ich sah mich bereits im Gefängnis. Sobald ich die Brücke überquert hatte, ließ die Spannung nach, der Mut kehrte zurück, die Angst wurde bald von einer Art Stolz abgelöst. Dieser Ablauf wiederholte sich jedes Mal, wenn ich auf meinem Kuriergang mit voller Milchkanne, dem Sammelergebnis, über die Brücke musste. Nachträglich wundere ich mich, wie ich das alles getan und dieser nervlichen Belastung standgehalten habe.

Man sagt, die Angst hat viele Gesichter. Ich habe mehrere davon erlebt.

Im Herbst 1944 weidete beim Zec der sehr bösartige Stier eines Bauern aus dem Tal, vermutlich, damit er die drei Kühe besame. Die Bäuerin hatte mit ihm größere Probleme, einmal verletzte er sie sogar und warf sie fast zu Boden. Die ovalförmige, von Wald und Sträuchern eingesäumte Weide hatte einen Durchmesser von etwa 400 Meter. Das Wohnhaus und die Wirtschaftsgebäude standen ungefähr 50 Meter vom oberen Rand der Weide entfernt und waren gesondert eingezäunt. Im Juni wurde soviel abgemäht, wie man für drei Kühe und die Kälber Heu brauchte, danach wurde überall geweidet. Der Stier war groß, sehr kräftig, vertrug keinen fremden Menschen, stieß gegen den Zaun, brüllte, schnaubte, grub die Erde um. Kurzum, er benahm sich solcherart, dass er damit jeden, der ihn wütend erlebte, verängstigte und einschüchterte. Er brüllt schon wieder, sagte ich mir, wenn ich ihn schon von weitem hörte; ich hatte fürchterliche Angst.

An einem Herbstnachmittag war ich wieder auf dem Weg zum Zec. Das letzte steile Wegstück hinter mir lassend trat ich aus dem Wald heraus und näherte mich der Zauntür, von wo der Weg zum Anwesen durch die Weide verlief. Ich er-

Za nucin kriz w dali!

(1) Kukovica Johan R.m. 15. 1 Pakl tobaka
(2) Hribar Franc R. m. 50. in precej sanitetnega mater
    in tudi nekaj obleke, in pisalnega papirja.
(3) Juvan Albin R.m. 22. in en briski Aparat.
4   Kleveis Karl R.m. 70. en pakl tobaka, 200 cigaret
    nekaj perilnega praska in mila, vec zepnih bateri,
    in papirja za pisat,
(5) Erlih Fini R.m. 25. in od Tzarne bramble blu in pas
(6) Vor Paula R.m. 5.
(7) Kupanc Anci R.m. 20. nekaj cigaretov, in papirja,
(8) Halenc Nikolaj R.m. 5. 20 cigaretov,
(9) Krainer Johan R.m. 20. 1kg strid, 1 par nogavic,
10 Povol Franc R.m. 120, in znorij kvizku,
(11) Kleveis Rezi R.m. 20, in dvakrat precej sanitetnega
    materijala.
(12) Kordes Nezi R.m. 50, in po drugi zeri veliko obleke,
13 Otona Justi 1 hlace in 60 brizkih klin. 4 saharinu 2 bateri
(14) Ferjan Muzir nekaj kluka in mesa,
15 Koch Marija nekaj pisalnega papirja,
(16) Kukovica Franc R.m. 40. in 4 briske aparate, 70 novih klin,
    vec mila, precej papirja za pisalni stroj, ...
    precej sanitetnega materijala, 2 para inhoz, 1 par nogavic
    ... .
                         ... .
    vec stare obleke, 2 pakline tobaka, 160 cigaretov,
    in precej raznovrstnega pisalnega papirja
17 Kukovica Franc (sin) 12 zilkik tek (heftov),
18 Tomazin Paul je bil tudi nar pirnovrsta,

Vaters Aufzeichnungen, vermutlich aus dem Jahre 1944;
das einzig erhaltene Dokument über die Sammlung von Geld
und Hilfsmitteln für die Partisanen.

71

blickte am nahen Wassertrog den Stier, und gleichzeitig er mich. Sofort begann sein Tanz. Er wütete immer heftiger und machte sich am Zaun zu schaffen. Wenige Meter vor dem Zaun hielt ich an, stand still, als ob ich Wurzeln in den Boden geschlagen hätte und starrte verängstigt zum Stier. Wie könnte ich nur an ihm vorbeikommen, überlegte ich und fürchtete, der Stier werde den Zaun niederreißen. Deshalb zog ich mich hinter einen Felsen zurück. Dort hockend wartete ich vergebens. Der Stier wusste, wo ich war, und hörte nicht auf zu brüllen. Ich trat wieder hervor, ging den Weg in den Wald zurück, bis mich der Stier nicht mehr sehen konnte. Damit hatte ich ihm meinen Rückzug signalisiert. Auf der Westseite der Weide schlich ich nun, unsichtbar für den Stier, weiter, bis ich das Anwesen gegenüber sehen konnte, und lief dann über die schmälste Stelle der Weide zum Wohnhaus. Als ich mein Erlebnis der Bäuerin erzählte, merkte ich, dass ich ihr Leid tat. Sie verstaute das Mitgebrachte, holte die Kühe, die schon vor dem Stall warteten, und ließ sie herein. Als sie soviel Milch gemolken hatte, dass meine Kanne voll war, ging sie hinaus und schaute nach dem Stier. Er stand nahe dem Stall. Sie ließ ihn in einen anderen Raum und sperrte gut ab. Nun getraute ich mich, den Weg über die Weide zu nehmen.

Im Wald war es schon dunkel. Im steilen Wegstück erblickte ich unweit vom Wegrand ein unnatürliches Licht in Tellergröße. Noch vom Erlebnis mit dem Stier verängstigt, begann mein

Herz zu rasen, die Angst kroch mir in alle Glieder. Wieder stand ich wie angewurzelt da und starrte die Erscheinung an. Weil sich das Licht nicht veränderte oder bewegte, entschloss ich mich, die Stelle zu umgehen. Heim musste ich ja. Kaum trat ich in den Steilhang, verschwand das Licht. Ich erinnerte mich an Erzählungen älterer Leute von solchen Erscheinungen, fasste Mut und schlich langsam näher, immer bereit zu flüchten. Bald konnte ich in der Dunkelheit die Umrisse eines großen Baumstrunks ausmachen. Aus der Nähe konnte man auf dem »Stor« wieder ein schwaches Leuchten sehen. Der Wald war mir noch immer unheimlich, aber Angst hatte ich keine mehr. Das Betasten des Stors ergab, dass er stark verwest, von Moos und Schimmel überzogen war. Ich atmete auf, sprach mir wieder Mut zu und eilte heim.

Die Mutter war schon in Sorge, ich hatte viel länger gebraucht als sonst. Den Eltern erzählte ich alles, auch von meiner großen Angst. Der Vater hörte wortlos zu. Der Mutter hatte ich es zu verdanken, dass ich nun längere Zeit nicht mehr zum Zec musste. Sie erklärten mir auch das Leuchten am Stor. Bei Verwesung und Zerfall wirkt ein chemischer Prozess, der dabei entstandene Phosphor verursacht ein Leuchten, wenn ein Licht im richtigen Winkel darauf scheint. Es war wohl der Mond schuld, dessen Licht durch Baumzweige den Weg zum Stor gefunden und einen Teil zum Leuchten gebracht hatte.

Der Vater schliesst sich den Partisanen an

Gegen Ende des Krieges gab es in der Fabrik nur noch drei Elektriker, Arbeit jedoch im Überfluss. Trotzdem wurde mein damals 45-jähriger Vater im Februar 1945 zu einer militärischen Einheit einberufen. Welche das war und wohin er würde gehen müssen, war noch nicht bekannt. Er sollte sich bei einem der Militärkommanden in Klagenfurt melden. Sofort nahm er Kontakt zu den Partisanen auf. Sie verabredeten sich, ihn abzuholen und, zu unserer Sicherheit, »unter Gewaltanwendung« mitzunehmen. Zwei Tage später, es war schon dunkel, kamen fünf Partisanen zu uns. Zwei bezogen vor und hinter dem Haus Wache, einer kam in unsere Wohnung, die anderen beiden befahlen den übrigen Hausbewohnern, ihre Wohnungen eine Stunde lang nicht zu verlassen. Da mein Vater fertig angezogen und der Rucksack schon gepackt war, ging alles sehr schnell. Es dauerte knappe zehn Minuten, und mein Vater verschwand mit den Partisanen in der Dunkelheit. Obwohl wir es gewusst hatten und alles vereinbart gewesen war, saßen meine Mutter und ich am Küchentisch und weinten. Eine Nachbarin, die durch das Fenster gesehen hatte, dass die Partisanen meinen Vater mitgenommen hatten, kam kurz darauf zu uns gelaufen. Später wurde uns klar, wir gut es gewesen war, dass sie uns in unserer Trauer und weinend vorgefunden hatte. Am Morgen meldete meine Mutter in der Fabrik, dass der Vater nicht zur Arbeit kommen könne, weil ihn die Banditen entführt hätten. Der Zuständige in der Fabrik leitete dies an die Polizei weiter, und noch am Vormittag kam die Polizei in Begleitung des SA-Mannes Wagendorfer, dem Beamten in der Fabrik, und verhörte meine Mutter und mich einzeln. Ich erinnere mich noch gut daran, dass Wagendorfer mich gefragt hat, warum ich dem Banditen nicht den großen Wecker an den Kopf geworfen hätte, worauf ich ihm antwortete, ich hätte zu große Angst vor der Maschinenpistole in seiner Hand gehabt. Auf die Frage, ob noch jemand etwas von der nächtlichen Aktion gesehen habe, gab meine Mutter den Namen jener Nachbarin an, die gleich zu uns gekommen war. Diese beschrieb den Polizisten bis in alle Einzelheiten, was sie in der Nacht gesehen hatte. Natürlich wurden auch die anderen Hausbewohner befragt. Am nächsten Tag verhörten sie uns ein weiteres Mal, dann aber ließen sie uns in Ruhe.

Im Februar 1945 endete kriegsbedingt der Unterricht in der Hauptschule in Grafenstein. Der Krieg ging dem Ende zu. Ich blieb zu Hause. Lange Ferien begannen.

In der Fabrik übernahm nun mein Onkel Johann, der im gleichen Haus wohnte, die heimlichen Sammlungen für die Partisanen. Ich trug die Sachen weiterhin in meiner Milchkanne hinauf, meist zum Zec. Die alte Zec-Bäuerin war eine sehr nette und freundliche ältere Frau. Sie sagte mir jedes Mal, wenn ich die Sachen brachte und Milch holte, wann ich wiederkommen solle. Dass mein Vater nur zehn Minuten vom Zec entfernt im Bunker der Kuriere hauste, erfuhren meine Mutter und ich erst nach Kriegsende. Der Vater ging dann mit mir hinauf in den Wald und zeigte mir den Bunker: eine kleine hölzerne Hütte, in der höchstens sechs Leute Platz hatten, in einem nahezu unzugänglichen Teil des Waldes inmitten eines Dickichts junger Fichten. Auch war ein Loch in den Hang gegraben worden, in dem bestimmte Dinge aufbewahrt wurden. Nachdem mein Vater von den Partisanen »entführt« worden war, trafen meine Mutter und ich ihn nur zweimal im Wald, nahe beim Zec. Ich weiß noch, wie sich mein Vater damals beklagte, dass er schlecht schlafe und dass ihm wegen der vielen Fußmärsche die Füße wehtäten.

Viele Jahre danach ging ich mit meiner Frau Slavka hinauf zum Šimanc, zum Zec und bis zum Štok. Der Šimanc-Hof ist heute eine Ruine, die Wiesen verwachsen. Beim Zec wird das Wohnhaus instand gehalten, weil es von Jägern benutzt wird, und manchmal hält sich auch der Besitzer dort auf. Die Wiesen rund ums Haus werden beweidet. Auch beim Štok lebt niemand mehr; das Wohnhaus beherbergt manchmal Jäger, die Nebengebäude zerfallen, die Wiesen verwildern.

Wie der Krieg bei uns zu Ende ging

DIE PARTISANEN VERTREIBEN DIE WLASSOV-EINHEIT

An einem schönen Frühlingstag, es war der 8. Mai 1945, betrat am frühen Abend ein junger Partisanenoffizier überraschend unseren Wohnblock. Er klopfte an alle Wohnungstüren und rief die Leute auf den Gang heraus. Er riet uns, nicht in die Nähe der Fabrik zu gehen, da es dort möglicherweise zu einer Schießerei kommen würde; zu unserer persönlichen Sicherheit sollten wir am besten überhaupt daheim bleiben. Er erzählte uns, dass Partisaneneinheiten nach Kärnten vorrückten und dass der Krieg fast vorbei sei. Dann verschwand er wieder im Wald. Wir waren alle sehr aufgeregt, liefen auf dem Gang hin und her, rätselten, was wohl geschehen würde, und schauten immer wieder vom Balkon hinüber zur Fabrik, die von den Wlassow-Soldaten bewacht wurde. Es war noch hell, als es zu krachen anfing. Zuerst hörten wir nur einzelne Schüsse, doch bald wurde aus verschiedensten Waffen geschossen. Kurz darauf waren explodierende Geschützgranaten zu hören. Am Anfang sahen wir auch kurze Zeit den Scheinwerfer strahlen. Die hohen Fichten verdeckten den Blick auf die knapp einen Kilometer entfernte Fabrik. Der Onkel fürchtete, aus den Zisternen könne Chlor entweichen, dann wären auch wir in Gefahr. Mindestens zwei Stunden lang war die Schießerei zu hören. Wir waren überzeugt, dass die Wlassow-Soldaten gefangen genommen oder mit denen geflohen waren, die ihnen aus Miklauzhof mit Geschützen zu Hilfe gekommen waren. Es müssen sehr viele Partisanen am Angriff auf die Fabrik beteiligt gewesen sein.

Es herrschte nun die allgemeine Meinung vor, dass der Krieg für uns vorbei sei. Onkel Johann holte die Hitlerfahne, die wir an Feiertagen ausgehängt haben mussten, vom Dachboden, entfernte aus deren Mitte den weißen Kreis mit dem Hakenkreuz und nachher noch den schwarzen Teil der Fahne. Niemand sagte ein Wort, wir sahen ihm nur zu. So ging bei uns das Großdeutsche Reich zu Ende.

Über den Fichten war nun ein heller Schein zu sehen, irgendwo brannte es. Die Erwachsenen waren der Meinung, es müsse eines der Häuser sein, die an der Straße zur Fabrik standen, doch für uns bestand keine Gefahr. Lange Zeit waren noch einzelne Schüsse zu hören, und wir standen lange draußen, wie es zu dieser Stunde viele Menschen an anderen Orten taten. In jener Nacht schliefen wir mit der Frage ein: »Was wird nun werden?«

Am nächsten Morgen versammelte sich eine kleine Gruppe zehn- bis zwölfjähriger Buben vom Alten und vom Neuen Repl, die öfter zusammen unterwegs waren, bei uns im Hof. Gemeinsam

machten wir uns auf den Weg zur Fabrik. Die Erwachsenen, die genauso neugierig waren, sich
aber nicht getrauten vom Haus wegzugehen, ließen uns ziehen. Nach etwa dreihundert Metern
traten wir aus dem Wald und setzten unseren
Weg auf den Bahngeleisen fort. Bald sahen wir
auf der Anhöhe über dem linken Ufer der Vellach
die abgebrannten Reste eines einstöckigen Zwei-
familienhauses, aus dem noch Rauch aufstieg.
Wir kamen an die Stelle, an der immer ein Wachposten gestanden war. Alles war still, wie ausge-
storben, soweit unser Blick reichte, kein Mensch
zu sehen. Diese völlige Stille hier war ungewohnt,
war doch sonst immer Lärm zu hören: Holz wurde gehackt, die kleine Lokomotive verschob Wag-
gons, aus denen die Arbeiter Holz, Kohle, Schwefel und Kalk ausluden, Zellulose wurde heraus-
gefahren, die Schornsteine rauchten. Nun aber
war kein Laut zu hören, kein Arbeiter zu sehen,
die Fabrik stand still. Der so vertraute Ort war
uns völlig fremd. Einige Meter weiter, bei den
Holzvorräten, lag ein Mensch. Wir rannten hin
und erkannten einen toten Wlassow-Soldaten,
den eine Kugel getroffen hatte. Wir starrten ihn
lange an. Obwohl wir verschreckt waren, trieb
uns die Neugier weiter. Wir rannten in Richtung
Herrenhaus und Direktion, wo sich im ersten
Stock die Kommandostelle befunden hatte. Wir
wollten uns den Bunker aus der Nähe ansehen.
Zu unserer Überraschung begegneten wir auf
halbem Weg dem leitenden Fabriksbediensteten,
Chef der Holzabteilung und SA-Mann Wagen-

dorfer – im Jagdgewand, mit der Jagdflinte und einem Rucksack auf dem Rücken. Das war jener Mann, der mich verhört hatte, nachdem mein Vater zu den Partisanen gegangen war. Wagendorfer war in großer Eile. Wir wussten nicht, ob wir ihn nun grüßen sollten oder nicht. Anstelle des angeordneten Grußes »Heil Hitler« sagten wir dann nur »Guten Morgen«. Später wurde bekannt, dass er sich längere Zeit im Obirgebiet in einem für ihn vorbereiteten aufgelassenen Bergwerksstollen versteckt gehalten hatte, bevor er nach Hause ins Steirische verschwand.

Einige Meter vom Bunker entfernt fanden wir wieder einen Toten. Bekleidet mit der neuen und adretten Uniform eines englischen Soldaten lag ein junger Partisanenoffizier auf dem Rücken, den Rucksack unter dem Kopf, tot am Wegrand. Neben ihm fanden wir einen Haselnussstab, an dem ein weißes Tuch befestigt war. Der Parlamentär wollte die Übergabe der deutschen Militäreinheit verhandeln und war auf dem Rückweg von hinten erschossen worden. Wir standen einige Zeit da und starrten ihn an, dann gingen wir weiter zum Bunker. Wir haben alles durchstöbert, er schien nicht beschädigt zu sein.

Vor dem Übergang über die Vellach, bei den Absperrungen am Wehr, lag ein weiterer toter Partisan, genau wie der erste auf den Rücken gelegt, den Rucksack unter dem Kopf. Es war kaum Blut zu sehen. Wir gingen auch zu ihm hin. Niemand von uns berührte die Toten, wir schauten sie nur an.

Anschließend machten wir uns auf den Weg zum Kinosaal, der von den Wlassow-Soldaten als Kaserne benutzt worden war. Die Tür stand sperrangelweit offen, im Inneren herrschte Ordnung. Auf dem Boden lagen Matratzen, an den Seiten abgelegte Dinge. Man konnte sehen, dass die Bewohner den Raum in aller Eile verlassen hatten und nicht mehr zurückgekehrt waren. In einem kleinen Raum im ersten Stock fanden wir zwei Pistolen, aber sonst keine Waffen. Während wir im Saal herumstöberten, fiel uns wieder ein, dass unsere Eltern gesagt hatten, wir sollten rasch nach Hause kommen. Sicher würden sie schon auf uns warten, um die wichtigsten Neuigkeiten zu hören. Jeder von uns suchte sich irgendetwas aus, ich nahm einen Gürtel mit Koppel und eine Decke. Noch immer war es ganz ruhig, kein Mensch zu sehen. Wir verstanden nicht, wohin die Wlassow-Soldaten, die Partisanen und die Kriegsgefangenen nach dem Überfall alle verschwunden waren. Auch die Arbeiter waren fort. Die Brandstätte jenseits der Vellach suchten wir nicht auf. Auf dem Weg nach Hause schwiegen wir, jeder in seine eigenen Gedanken versunken; die einsamen Toten hatten uns erschüttert. Wir fühlten, dass sich über Nacht alles verändert hatte. Später habe ich erfahren, dass auf der anderen Seite des Übergangs über das Wehr noch ein toter Wlassow-Soldat gelegen war. Am Nachmittag haben die Dorfbewohner von Rechberg alle Toten abgeholt und auf dem dortigen Friedhof begraben.

Mein Freund und ich versteckten die Dinge, die wir aus der Fabrik mitgebracht hatten, im nahen Wald. Zu Hause standen wir ziemlich lange im Mittelpunkt der Aufmerksamkeit. Die Buben vom Alten Repl hatten einen anderen Weg nach Hause genommen, einen Steig auf der anderen Seite der Eisenbahngeleise.

Partisanen marschieren auf Klagenfurt zu

Am nächsten Nachmittag ging ich allein hinauf zum Zec und hoffte, meinen Vater zu finden. Ich traf ihn an, als er mit seiner Kuriergruppe gerade Stroh, Bänke, Tische, und was sonst noch von der vergangenen Nacht übriggeblieben war, wegräumte. Er erzählte mir, dass die Gruppe der Kuriere die Nachricht erhalten hatte, eine starke Partisaneneinheit werde auf dem Weg nach Klagenfurt die Wlassow-Soldaten in der Fabrik und im Dorf entwaffnen. Heute weiß ich, dass es zwei oder drei Bataillone der Bračič-Brigade waren, die in der Nähe des Paulitsch-Sattels und des Prevernik auf unsere Seite gekommen war. Sie marschierten teils auf Wegen, teils auf der Trasse einer ehemaligen Bahnlinie, auf der Jahre vor dem Krieg vom Berg herunter Kohle transportiert worden war, auf die Fabrik zu. Die Kuriere hatten den Auftrag, die Partisanen sofort nach ihrer Überquerung der Vellach in Empfang zu nehmen und ihnen als Führer zur Verfügung zu stehen.

Auf dem Zec-Hof, im Bergkessel, wo man sich leicht verteidigen konnte, und beim Bukovnik waren für sie Übernachtungsmöglichkeiten bereitgestellt. Gekocht wurde im Freien, für die Maultiere und Pferde war genug Heu und Stroh vorhanden. Wegen des Kampfes, der bis in die Nacht hinein dauerte, blieb den Partisanen nur wenig Zeit sich auszuruhen. Die Nacht war schnell vorbei, und sie machten sich auf den Weg nach Klagenfurt. In der Morgendämmerung waren alle schon wieder unterwegs. Auf Waldwegen führten die Kuriere sie nach Gallizien, wo es zu einem Zusammenstoß mit Deutschen und Wlassow-Soldaten kam. Es wurden 78 Gefangene gemacht, die übrigen flohen.

Weil die Kuriere in der Nacht auf Wache gestanden und dann die Partisanen geführt hatten, waren sie nicht zum Schlafen gekommen. Sie mussten sich ausruhen und räumten daher erst am nächsten Tag auf. Nach dem Abmarsch der Bračič-Brigade kamen auf der Hauptstraße aus Eisenkappel noch die Partisanen der Šercer-Brigade zum Zec und zum Bukovnik hinauf. In unserem Haus hatten wir gar nicht bemerkt, dass sie auf der Straße vorbeimarschiert waren. Die Männer dieser Brigade übernachteten aber nicht beim Zec und beim Bukovnik, sie stärkten sich nur und ruhten sich kurz aus, bevor sie weiter ins Tal eilten.

Ich erfuhr, dass am 8. Mai 1945, als das Kriegsende ausgerufen wurde, beim Kampf um die Fabrik zwei Partisanen verwundet worden waren. Sie erlagen beide ihren Verletzungen, einer beim Zec, der andere beim Bukovnik. Die Kämpfe hatten also vier Opfer aus den Reihen der Partisanen gefordert, alle liegen auf dem Friedhof in Rechberg begraben. Der Verband der Kärntner Partisanen hat ihnen ein würdiges Denkmal errichtet. Die Gräber der Wlassow-Soldaten sind auf dem Friedhof nicht mehr zu finden.

Bevor ich am Abend nach Hause ging, bat mich mein Vater, der Mutter zu sagen, auch er werde nun bald heimkehren, der Krieg sei ja wohl zu Ende. Und wirklich, etwa eine Woche nach dem 8. Mai 1945, dem offiziellen Ende des Zweiten Weltkrieges in Europa, kam er nach Hause.

Ustascha-Truppen auf der Flucht

Es war am 12. Mai 1945, alle wussten, dass der Krieg zu Ende war, das Großdeutsche Reich war besiegt und zerfallen, ein neuer Zeitabschnitt begann. Doch in unserem engen Tal waren wir von den Vorgängen um uns herum völlig abgeschnitten. Die Menschen gingen nicht einmal nach Rechberg, und noch weniger wussten sie um die provisorische Landesregierung in Klagenfurt oder um die Vorkommnisse im Gebiet zwischen Eisenkappel und Bleiburg. Eine gewisse Unsicherheit machte sich breit, alle warteten und niemand wusste so recht, worauf. Die Fabrik stand still, die Menschen blieben sicherheitshalber zu Hause. Irgendwie verdarb uns diese Ungewissheit die Freude am Kriegsende.

Den Vormittag verbrachte ich bei meinem Onkel Johann, der in seinem Garten an der Bahnstrecke arbeitete. Der Vater war damals noch nicht aus dem Wald heimgekehrt. Auf den Eisenbahngeleisen erblickte ich eine große Schar bewaffneter Soldaten, die aus Richtung Eisenkappel kamen. Sie waren noch ziemlich weit weg, doch sie marschierten schnell. Der Onkel winkte ihnen zu und wollte sie schon begrüßen gehen, denn er dachte, es seien Partisanen. In diesem Moment sahen wir, dass sie Mützen trugen, die wir nicht kannten, ebenso wenig wie die Abzeichen. Ihre Gesichter waren bärtig. Ich glaube, dass sie schwarze Kleidung trugen. Da stieß mein Onkel überrascht und verschreckt hervor: »Verschwinden wir!« Auch er wusste nicht, was das für Soldaten waren. Wir versteckten uns hinter den Ställen und Hütten. Die Soldaten eilten auf den Geleisen weiter, niemand wandte sich dem Haus zu. Diese Schar war wohl ein Vortrupp, der das Gelände am rechten Flussufer durchkämmte. Von der Straße auf der anderen Seite des Flusses hörten wir bald darauf Wagenlärm und laute Rufe. Nach einer Stunde, als niemand mehr zu sehen war, schlich ich mich ans Vellachufer und spähte durchs Gebüsch auf die Straße. Eine große Menge Soldaten und Zivilisten näherte sich aus Richtung Eisenkappel. Sie gingen langsam, manche ritten oder saßen auf Pferdewagen, eine Gruppe schwer bewaffneter Soldaten begleitete sie am Straßenrand.

Am späten Nachmittag hielt die Kolonne an, eine große Menge Soldaten und Zivilisten ließ sich auf dem ungefähr zehn Hektar großen Weideplatz auf der uns gegenüberliegenden Seite der Vellach nieder. Wir beobachteten das Geschehen vom Balkon unseres Hauses aus. Da es nur etwa fünfhundert Meter Luftlinie entfernt war, konnten wir auch ohne Fernglas vieles erkennen. Holz wurde herbeigeschafft, und als die Feuer brannten, sahen wir, dass große Kessel darüber aufgehängt waren, in denen auch Pferdefleisch gekocht wurde. Die Feuer brannten noch lange in die Nacht.

Am folgenden Morgen leerte sich der Weideplatz. Tagsüber kamen neue Kolonnen von Menschen, und in der Nacht brannten wieder die Feuer. Doch niemand kam je auf unsere Seite des Flusses. Wir rätselten, wer wohl diese vielen Leute sein könnten. An ihrer Sprache hatten wir rasch erkannt, dass es keine Slowenen waren. Wir konnten sie deutlich hören, wenn wir uns im Gebüsch an der Vellach versteckt hielten und sie beobachteten. Einer der Erwachsenen mutmaßte, es seien Kroaten und Soldaten von der Ustascha.

Auch am Vormittag des dritten Tages war die Straße noch voller Soldaten und Zivilisten, doch dann wurde es langsam ruhig. Später habe ich erfahren, dass damals etwa zehntausend Ustascha-Leute an uns vorbeigezogen waren und zwischen diesen auch einige Hundert anderer Nationalitäten im Gefüge der deutschen Armee. Keiner war gebürtiger Deutscher. Sie waren aus Jugoslawien gekommen und wollten sich nach Norden durchschlagen. Die Partisaneneinheiten drängten sie, schnell zu fliehen oder sich zu ergeben. Der Großteil ergab sich nicht, denn sie wollten in englische Gefangenschaft kommen.

DER TOD MEINES SCHULFREUNDES

Am Nachmittag des dritten Tages war alles wieder völlig ruhig. Wie schon oft machten wir uns zu fünft auf den Weg über den Bach und die Straße zu den Wiesen und Weideplätzen. Wir wussten, wo man die Vellach am leichtesten überqueren konnte. Weil im Bachbett nicht viel Wasser war, hüpften wir über die großen Steine und kamen trocken am anderen Ufer an. Mit meinem Freund hatte ich schon oft den Fluss auf diese Weise überquert, wenn wir bei seiner Großmutter Milch holten. Im Gebüsch an der Straße, in der Nähe des Bachbettes, fanden wir die ersten Spuren der Leute, die hier durchgezogen waren. Offenbar hatten dort viele ihre Notdurft verrichtet. Um die vielen Häufchen herum lag schönes, uns unbekanntes Papier: Geldscheine! Einen davon, der nicht beschmutzt war, sahen wir uns genauer an. Wir konnten darauf das Wort »Kuna« entziffern, also war es kroatisches Geld. Obwohl wir die Weide und die Wiesen durchstreiften und in den Gebüschen herumstöberten, konnten wir nichts Brauchbares finden. Keine Waffen, nur etwas Munition und Granaten, zerrissene Kleidung, die knöchernen Überreste eines Pferdes, ein paar andere Dinge ohne Bedeutung. Das ganze Gelände war völlig zertrampelt, wir fanden die Feuerstellen, deren Schein wir in der Nacht gesehen hatten. Wir stocherten mit einem Stock drin herum, und da war sogar noch etwas Glut. Als wir schon auf dem Heimweg waren, fanden wir in der Nähe der Straße einen Haufen runder, bauchiger Gegenstände aus Eisen, sie sahen aus wie Teller. Wir wussten nicht, dass es Minen waren. Die Ustascha-Soldaten hatten wohl gedacht, sie würden sie nicht mehr brauchen und hatten sie einfach abgeladen und liegen gelassen. Lange standen wir davor, betrachteten die fremdartigen Dinge und rätselten über deren Verwendungszweck. Zuletzt setzte sich die Meinung durch, es handle sich gewiss um gefährliches Kriegsmaterial, das man lieber nicht anfassen sollte.

Nun trennten wir uns. Mit dem Freund, dem die Großmutter – sie lebte allein in einer Keusche oberhalb dieses Geländes – eine Kanne Milch für daheim mitgegeben hatte, machte ich mich auf den Heimweg. Die anderen drei blieben noch. Wir überquerten den Bach und die mit Sträuchern bewachsene Wiese. Als wir nicht mehr weit von unserem Wohnhaus entfernt waren, hörten wir aus der Richtung, aus der wir herkamen, das laute Krachen einer Explosion. Wir rannten zu unserem Haus und gaben davon Bericht. Bald darauf hörten wir lautes Schreien. Šmaher Lekši, einer der drei Freunde, kam auf der Bahnstrecke in Richtung Alt-Repl angerannt, um den Vorfall zu melden. Wir ahnten sofort: Es ist etwas Schreckliches geschehen. Nachschau zu halten, wurde uns von den Müttern verboten.

Später erfuhren wir den Hergang des Unglücks: Stanko Juvan fand ein großes eisernes Ei, eine Eierhandgranate – oder hatte er eine der Minen mitgenommen? –, hantierte daran herum und brachte sie zur Explosion. Edi Županc stand ihm gegenüber, Lekši etwas weiter weg hinter Stanko. Es krachte. Stanko war sofort tot. Sein Brustkorb wurde zerfetzt, das Gesicht arg zugerichtet, beide Hände fehlten. Edi wurde verletzt vom Unfallort ins Krankenhaus gebracht und lag lange dort. Er behielt für den Rest seines Lebens dunkle Vertiefungen im Gesicht und auf dem Körper. Lekši war nichts passiert, er rannte nach Hause, um Hilfe zu holen. Stankos um einige Jahre älterer Bruder Hanzi und sein Vater eilten mit einem zweirädrigen Wägelchen zur Unglücksstelle. Noch kürzlich erzählte mir Hanzi, dass er, wenn er an der Unglücksstelle vorbeikommt, noch immer seinen toten Bruder vor Augen hat. Er kann diesen Anblick nicht vergessen. Den toten Sohn und Bruder wickelten sie in ein Leintuch, legten ihn auf das Wägelchen und führten ihn auf der Straße, über die Vellachbrücke in der Nähe des Lesnik-Bauern und dann auf dem Fuhrweg heim. Beide weinten die ganze Strecke.

Nach diesem Unglück durfte ich mich ohne Erlaubnis der Mutter lange Zeit nicht mehr vom Haus entfernen.

Auf Stankos Grabstein auf dem Friedhof in Rechberg steht geschrieben, dass er am 14. Mai 1945 gestorben ist.

Auch Srečko wird getötet

Als mein Vater um den 15. Mai 1945 aus dem Wald heimkehrte, erfuhr ich vom Tod zweier Partisanenkuriere, die ich bei den Treffen kennen gelernt hatte. In unserem Tal, etwa zwei Kilometer vom Ort Rechberg entfernt, erfuhren wir nicht einmal von den Beerdigungen auf dem Dorffriedhof. Srečko und sein Freund waren in Sittersdorf begraben worden. Ich war sehr traurig, als ich davon erfuhr, hatte ich ihn doch gut gekannt. Noch heute erinnere ich mich gern an unsere Gespräche.

Mein Vater bezeichnete ihren Tod als überflüssiges Nachkriegsopfer, waren sie doch durch Zufall, vielleicht auch aus Unvorsichtigkeit getötet worden. Und so erzählte er das Geschehene:

»Beim Zec und beim Bukovnik haben wir alles weggeräumt. Der Krieg war vorüber, die Gefahr aber nicht. Zehntausende Soldaten der deutschen Wehrmacht drängten nach Kärnten, um sich den Engländern zu ergeben. Am 12. Mai waren alle Kuriere zuerst beim Kuhl, dann beim

Črnežl. Es gab keine besonderen Befehle für uns. Die Partisaneneinheiten waren nach Kärnten vorgerückt und schon seit dem 8. Mai in Klagenfurt. In der Siedlung Unterort haben die Kuriere drei Fahrräder erhalten, und so fuhren drei von ihnen nach Sittersdorf, um Freunde zu besuchen, die sie bis jetzt nur nachts und auf geheimen Wegen hatten treffen können. Außerdem wollten sie in Erfahrung bringen, was um Sittersdorf herum vor sich ging. Um den Ort herum waren viele starke Partisaneneinheiten unterwegs, aber noch mehr bewaffnete deutsche Sol-

Mein
Mitschüler
und Freund
Stanko
Juvan.

91

daten, die auf der Flucht waren. Es wurde auch geschossen. Wir warteten zu zweit auf die Rückkehr unserer Freunde. Nach etwa einem Kilometer kamen die Kampfgenossen auf den Fahrrädern zur Kurve über der Brücke, die bei Miklauzhof über die Vellach führt. Zwei der Kuriere fuhren auf die Brücke zu und trafen dort auf Teile der deutschen Truppen, Ustascha-Einheiten, die auf der Flucht vor den Partisanen waren und über die Brücke wollten. Der dritte Kurier war hinter den anderen beiden zurückgeblieben und kam daher erst etwas später zum Hang und zur Kurve vor der Brücke. Als er die vielen Soldaten erblickte, hielt er sofort an und versteckte sich, um die Vorgänge an der Brücke zu beobachten. Er sah die beiden Kuriere mit ihren Maschinenpistolen vor den Offizieren stehen. Vermutlich wollten sie, dass ihre Einheit die Waffen niederlegt.

Plötzlich fielen Schüsse, und die zwei Partisanen blieben tot auf der Straße liegen. Dem dritten gelang die Flucht. Beim Črnežl hat er uns dann erzählt, was geschehen war. Wir machten uns auf den Weg vom Bauernhof auf die Anhöhe über der Vellach bei Miklauzhof, wo man auf die Straße und die Brücke sehen kann. Wir konnten gar nichts tun. Erst spät in der Nacht, als niemand mehr auf der Straße war, konnten unsere toten Freunde auf den Friedhof nach Sittersdorf gebracht werden, wo sie begraben wurden.«

Viele Jahre später fand ich in den Aufzeichnungen meines Vaters die Adresse von Srečkos

Mutter: Suzana Omejec, Št. Vid 87 bei Ljubljana. Sicherlich hatte er ihr mitgeteilt, dass er ihren Sohn gekannt und mit ihm für einige Zeit im Kurierbunker unter dem Obir zusammengelebt hatte. Hin und wieder begebe ich mich auf den Friedhof in Sittersdorf, zünde eine Kerze an und bleibe eine Weile vor dem Denkmal stehen, das für die zehn nach Kriegsende gefallenen Partisanen, darunter auch Srečko, errichtet worden ist.

Gedenksteine für zehn nach dem offiziellen Kriegsende gefallene Partisanen auf dem Ortsfriedhof in Sittersdorf/ Žitara vas. Einer von ihnen ist Srečko Omejec.

Von Partisanen verhaftet

Eines Morgens kamen Partisanen in unseren Wohnblock. Es muss kurz nach dem 15. Mai gewesen sein, an das genaue Datum erinnere ich mich nicht mehr; der Vater war schon wieder zu Hause, in Eisenkappel gab es noch keinen englischen Posten. Bis um den 25. Mai herrschten dort die Partisanen. Bei uns ließen sie sich lange nicht blicken, sorgten aber auf der Straße jenseits der Vellach für regen Verkehr.

Der Kommandant der Gruppe, die zu uns kam, hatte eine Liste mit, aus der er Namen von Männern aus unserem Haus vorlas. Sie mussten sich im Hof versammeln. Wir verstanden nicht, warum sie meinen Onkel Johann, Herrn Klapl, Herrn Lederer und meinen Vater aufriefen. Nur zwei Männer aus dem Haus waren nicht aufgerufen worden. Mein Vater zog seine Partisanenuniform an und hängte sich das Gewehr über die Schulter. Als auch die Männer vom Alten Repl hergeführt worden waren, gingen alle auf die Fabrik zu. Die übrigen Bewohner des Hauses standen auf dem Balkon und redeten durcheinander. Was wird denn jetzt passieren? Die Frauen waren außer sich.

Ich hielt es zu Hause nicht lange aus. Allein machte ich mich auf den Weg zur Fabrik, um herauszufinden, was los war. Es schien meiner Mutter nicht gefährlich zu sein, darum ließ sie mich gehen. Die Partisanen hatten viele Männer aus der Umgebung zum Gasthaus Kreuzwirt gebracht. Das Werksküche genannte Gasthaus war Eigentum der Fabrik, dort wurde für die Arbeiter und Beamten gekocht. Nahe der Straße, am Rand des Fabriksgeländes erbaut, war es für alle offen. Im ersten und zweiten Stock befanden sich Wohnungen für die Fabrikangestellten, ebenso im Gebäude daneben. Auf beiden Seiten wuchsen an der Straße Kastanienbäume, unter denen im Gastgarten Tische und Bänke standen. Auf der anderen Straßenseite, dem Gasthaus gegenüber, war ein Parkplatz und eine kleine Kapelle. Eine Stiege führte hinunter zum Wehr, über das die Arbeiter auf kürzerem Weg zur Fabrik gelangten. An jenem Tag standen auf dem Parkplatz zwei Militärlastwagen. Die Partisanen ließen die Männer auf die Lastwagen steigen und fuhren auf der staubigen Straße in Richtung Eisenkappel davon. Mein Vater war auf dem ersten Lastwagen, mein Onkel auf dem zweiten. Der zweite Lastwagen fuhr nur etwa zweihundert Meter bis zur Kurve. Dort kam der Fahrer zu weit an den linken Rand der Straße, der Lastwagen rutschte ab und drohte in die Tiefe zu stürzen. Zum Glück wuchsen dort Bäume, an denen der Lastwagen hängenblieb. Die Männer kletterten heraus, einige waren verletzt, drei sogar schwer. Mein Onkel war einer von ihnen. Er war verletzt und hatte sich zudem ein paar Rippen gebrochen. Die Schwerverletzten wurden in das fünfzig Meter entfernte Gasthaus Woschitz gebracht, wo sich zwei Sanitäter um sie bemühten. Auch die anderen Männer aus dem Lastwagen kamen dorthin. Ein Kurier fuhr mit dem Motorrad nach Eisenkappel, um Hilfe zu holen und den zweiten Lastwagen zurückzurufen. Keiner konnte genau sagen, warum der Unfall passiert war, es war von einer Übermüdung des Fahrers die Rede, er sei die ganze vergangene Nacht unterwegs gewesen, hieß es.

Als ich über die Brücke zum Woschitz kam, sah ich den halb umgestürzten Lastwagen und erfuhr von den Männern, die vor dem Gasthaus standen, was geschehen war. Ich fragte nach meinem Vater und erfuhr vom Unglück meines Onkels. Er lag im großen Gastraum und erzählte mir, man werde ihn nach Klagenfurt ins Krankenhaus bringen. Er bat um ein paar Dinge von zu Hause. Mit dieser schlechten Nachricht lief ich heim. Meine Tante, die wegen des Unfalls und meiner Beschreibung der Verletzungen sehr bedrückt war, brachte dem Onkel die verlangten Sachen. Es dauerte einige Wochen, bis mein Onkel aus dem Krankenhaus entlassen wurde.

Die anderen arretierten Männer aus der Umgebung wurden nach Eisenkappel gebracht und im Schloss Hagenegg verhört. Einzelne wurden dort behalten, mein Vater und andere, die ich kannte, kamen noch am selben Tag wieder nach Hause. Aus Gesprächen meiner Eltern erfuhr ich, dass die Partisanen von Aktivisten Aufzeichnungen erhalten und alle darin genannten Personen verhaftet hatten. Manche Leute hatten schon während des Krieges einzelne Personen als Mitarbeiter der Nazis bezeichnet oder auch aus anderen, unbekannten Gründen denunziert. Manchmal waren wohl nur schlechte zwischenmenschliche Beziehungen Grund für eine Anzeige. Unter den Denunzierten waren viele, die, wie mein Vater, die Partisanen lange unterstützt und mit ihnen zusammengearbeitet hatten. In unserer Gegend gab es viele solche Leute. Weil sie verdeckt, in kleinen Gruppen im Untergrund gearbeitet haben, mögen sie manchen anderen nicht bekannt gewesen sein.

Karl Lederer, den ich sehr gut gekannt habe, kehrte nicht nach Hause zurück. Er hatte in unserem Haus gewohnt, in der Zweizimmerwohnung mit der Nummer zwölf. Einige Jahre zuvor war seine Frau gestorben, seine beiden Söhne waren ins deutsche Heer einberufen worden, sodass er völlig allein in seiner Wohnung lebte. Er ging immer sehr früh am Morgen zur Arbeit und kehrte spät am Nachmittag oder erst am Abend zurück. In den letzten Jahren war er nur noch zum Schlafen nach Hause gekommen. Er war irgendwo in der Steiermark zu Hause gewesen und konnte nur sehr wenig Slowenisch. In der Fabrik war er für den Betrieb in der Werksküche zuständig gewesen, für zwei Schichten pro Tag. Er war verantwortlich für das Personal und kümmerte sich während des Krieges um die Verpflegung der französischen und russischen Kriegsgefangenen, der Zwangsarbeiterinnen, die größtenteils aus der Ukraine stammten, und um deren Wachen. Im Gasthaus wurde zum Teil auch für die in der Fabrik stationierten Wlassow-Soldaten gekocht. Karl Lederer war ein sehr sympathischer Mann, der mit jedem gut auskam. An einem Arm hatte er vom Ellbogen abwärts eine Prothese. Wenn im Gasthaus ein elektrisches Gerät nicht funktionierte, rief er immer meinen Vater. Weil er nun aus Eisenkappel nicht zurückkam, ging mein Vater am nächsten Tag hin, um seine Freilassung zu erbitten. Leider gelang ihm das nicht, sie durften nur kurz miteinander sprechen. Er fand heraus, dass ihn die ukrainischen Frauen angezeigt hatten, die im Gasthaus gearbeitet hatten, weil er sie angeblich schlecht behandelt habe. Die Anklagen sollten im Gefängnis untersucht werden. Seine Wohnung blieb verschlossen, bis sein jüngerer Sohn Karl nach Hause zurückkehrte. Aus den Aufzeichnungen meines Vaters habe ich erfahren können, dass er bezeugt und die Aussage auch unterschrieben hat, dass Lederer der Leiter der Werksküche und des Ostarbeiterlagers gewesen sei, aber kein Mitglied der NSDAP. Offensichtlich haben die Anschuldigungen der Zwangsarbeiterinnen sein Schicksal entschieden.

Man schlägt sich durch

Um den 15. Mai 1945 trieb Husar Friedl, ein Verwandter meines Freundes aus Sittersdorf, auf dem Steg neben dem Bahngeleise ein braunes Militär-Reitpferd zu uns. Den Gaul hatte er im Austausch für einen abgetragenen Anzug von einem Ustascha-Soldaten erhalten. Bei sich daheim getraute er sich das Pferd nicht im Stall einzustellen. Er fürchtete, man könnte ihn des Diebstahles eines Militärpferdes bezichtigen und dafür bestrafen. Im Jauntal war es damals wegen der geflohenen deutschen Truppen unterschiedlicher Nationalitäten gefährlicher als bei uns. Friedl band das Pferd in der Nähe unseres Wohnblockes an einen Baum, mähte mit unserer Sense auf der aufgelassenen Lesnik-Wiese Gras und warf es ihm unter den Baum. Daneben stellten wir einen Kübel voll Wasser. Das Pferd sollte so lange bei uns bleiben, bis sich die Situation im Jauntal wieder normalisiert hätte. Uns bat er, für das Pferd zu sorgen, es zu weiden oder ihm genug Gras hinwerfen. Was mit dem Pferd später geschehen sollte, wusste er noch nicht. Bald verließ uns Friedl und trat den fünf Kilometer langen Heimweg nach Sittersdorf an.

Das Pferd war sehr zahm, eher klein und nicht mehr jung. Die Rippen und sonstige Knochen standen spitz hervor. Es musste ihm schon längere Zeit schlecht ergangen sein. Mähen war für meinen Freund und mich nicht leicht, war das Gras im Mai doch noch nicht hoch genug gewachsen, die Wiese schon Jahre nicht gedüngt worden, und das Pferd fraß davon viel. Tagsüber weideten wir es, dann banden wir es wieder am Baum fest. Anscheinend war das Pferd mit uns zufrieden, es versuchte nie auszureißen. Reiten hatten wir nie gelernt, Sattel gab es auch keinen. Manchmal setzte sich einer von uns auf das

Pferd, der andere hielt es an der ein paar Meter langen Leine fest. Dann tauschten wir. Zu Beginn waren wir begeistert und sorgten gern für das Pferd, bald ließ die Freude aber nach. Erwachsene kamen uns zu Hilfe. Unser Schützling stand die ganze Nacht und einen Großteil des Tages am Baum angebunden und freute sich augenscheinlich, wenn ihm jemand Gesellschaft leistete oder ihn auf die Weide führte. Gesellschaft war genug da. Frauen brachten ihm Küchenabfälle, manchmal auch einen Apfel oder eine Karotte.

Unser tägliches Leben verlief noch nicht in geordneten Bahnen. Es dauerte mehrere Wochen, bis in den Kaufhäusern wieder etwas zu bekommen war, die Schmalspurbahn wieder an uns vorbeiratterte, in der Fabrik wieder Leben Einzug hielt, Kohle, Schwefel, Chlor, Kalk und andere Rohstoffe angeliefert und die Arbeiter zur Arbeit gerufen wurden. Die ersten Nachkriegswochen überlebte jeder, wie er eben konnte. In unserem Keller waren noch etwas Fett, Kraut, Kartoffeln und Äpfel, auf dem Dachboden hing ein wenig Speck von dem im Herbst gestochenen Schwein. Milch, Butter, Fleisch, Mehl und andere notwendige Lebensmittel brachten der Vater und ich in kleinen Mengen von den Bauern mit. Mit bescheidener Ernährung überbrückten alle Familien die Zeit der Knappheit.

Eines Tages hörte ich die Erwachsenen über das Pferd reden. Die Meinung herrschte vor, »unser« Pferd müsse geschlachtet werden, wir seien doch alle hungrig. Jemand wurde bestimmt, mit dem Besitzer zu reden und sein Einverständnis zu erlangen, was offensichtlich gelang. Die Bauern brauchten Pferde zum Arbeiten, unseres aber schaute nicht danach aus, als ob es je einem schweren Wagen vorgespannt werden könnte, und schon gar nicht hätte es einen solchen ziehen können oder wollen.

Eines Morgens stürzten sich fünf Männer auf das nichts Böses ahnende Pferd. Der Anführer war Voranc, der wegen seiner Invalidität pensionierte Fabriksarbeiter, ein gelernter Fleischer. Für die Familien, die Schweine hielten, übernahm er alljährlich die Schlachtung und Weiterverarbeitung. Mein Freund und ich brachten wir das Pferd auf die kleine Ebene hinter dem Haler-Bienenhaus. An jedes Bein, ganz unten, wurde ihm ein starkes Seil gebunden. Die Seile an den Hinterbeinen wurden an zwei Bäumen befestigt, die anderen beiden gehalten. Das Pferd, offensichtlich einiges gewöhnt, stand still da. Es tat mir Leid. Ich stand nicht weit von ihm entfernt und beobachtete das Geschehen. Weil Voranc wegen seiner Invalidität das Pferd nicht töten konnte, war schon zuvor mein Vater dazu bestimmt worden, es zu tun. Deshalb bekam er nun die Fleischerhacke. Voranc trat mit einer alten Schürze zum Pferd, bedeckte ihm damit die Augen und band die Schürze fest. Dann zeigte er in die Mitte über den abgedeckten Augen. Dorthin sollte mein Vater mit dem Auswuchs auf der Axt treffen. Das Pferd stand weiterhin ruhig da. Der Vater zögerte eine Weile, er verstand sich nur aufs

Hasenschlachten. Dann schlug er zu. Er traf gut, das Pferd fiel zu Boden. Die Männer spannten die Seile, zwei sprangen hin, um den Pferdekopf zu halten, Voranc trat ebenfalls dazu, kniete nieder und stach in den Pferdehals. Das Blut begann zu rinnen. Gut, dass diese Art, Tiere zu töten, schon seit langem verboten ist.

Anschließend wurde etwas getrunken, Schnaps wahrscheinlich, und Voranc begann mit seiner Arbeit, der Zerstückelung des toten Tieres. Die Männer hielten, zogen, drehten um, trugen Stücke auf den bereitgestellten Tisch und die Bänke, reinigten Magen und Därme, trugen Abfälle weg, sägten Knochen. Die Arbeit wurde am Boden verrichtet. Bald kamen Frauen dazu, sie wussten, sie würden demnächst an der Reihe sein. Als vom Pferd nur noch die einzelnen Teile zu sehen waren, begann Voranc mit seinen Helfern, den Brustkorb in kleine Stücke zu zersägen und zerschneiden, für jede Familie eines. Darauf warteten die Frauen, begaben sich dann sofort in ihre Küchen, um ein sehr spätes Mittagessen zuzubereiten, jede auf ihre Art. Mein Freund und ich taten, was uns aufgetragen wurde: Wir trugen Wasser herbei, hielten dieses oder jenes, trugen etwas fort ... Am späten Nachmittag, nachdem alle Stücke in den kühlen Keller getragen und wegen der Fliegen zugedeckt worden waren, wurde Feierabend gemacht.

Am nächsten Tag wurde die Arbeit beendet. Jede Familie erhielt Fleisch. Das gekochte Fleisch musste man lange mit den Zähnen bearbeiten, bevor man es in den Magen befördern konnte. In unserer Küche begannen wir bald wieder mit der Arbeit. Den Großteil verarbeiteten wir nach den Anleitungen des Nachbarn Voranc zu Würsten aus Pferdefleisch. Diese wurden geselcht und waren in kurzer Zeit so hart, dass wir sie vor dem Verzehr in warmes Wasser legen mussten und sie erst nach einer Weile ganz dünn aufschnitten. Aber alle waren wir zufrieden, hatte doch jede Familie dank der gemeinsamen Selbsthilfe für einige Zeit genug Fleisch umsonst.

Wir halfen uns aber auch auf andere Weise. Die Vellach entspringt am Fuß der Steiner Alpen nahe dem Grenzübergang Seebergsattel. Die wasserreichsten Zuflüsse erhält sie in Bad Eisenkappel aus den Bergtälern Lobnig, Leppen, Remschenig und Ebriach. Bei Gallizien mündet sie in die Drau. In meiner Kindheit war die Vellach bis zur Zellulosefabrik Rechberg ein klarer Gebirgsbach. Ab der Fabrik jedoch war sie so stark mit Schwefel- und Chlorlauge verseucht, dass in diesem, oft braun gefärbten Wasser kein Lebewesen mehr zu finden war. Seit der Schließung der Zellstofffabrik 1989 ist der gesamte Flusslauf wieder klar.

In der wärmeren Jahreszeit tummelten wir Kinder uns oft am Bach, spielten und erforschten die Pflanzen- und Tierwelt. Mich faszinierten verschiedene Froscharten, schwimmende und nach Fröschen jagende Nattern und die Fische, insbesondere Regenbogenforellen.

An heißen Sommertagen suchten wir die tieferen Stellen auf, um dort zu baden. Viele Kinder erlernten in der Vellach das Schwimmen, auch ich. Häufig suchten wir unter Steinen mit Händen nach Fischen. Meist ohne Erfolg.

Eines Morgens schickte mich der Vater um einen Kübel, verschwieg der Mutter und mir aber, wozu er ihn brauchte. Dann gingen wir zur Vellach. Dort ließ er sich von mir zu den tieferen Stellen führen, wo ich öfter Fische gesehen hatte. Er fragte, ob ich mich bloßfüßig für kurze Zeit ins Wasser traute, was ich bejahte. Nun suchten wir uns eine tiefere Stelle im Bachbett aus, wo Fische zu erwarten waren. Aus der Rocktasche nahm er eine Eierhandgranate, und erst jetzt erklärte mir der Vater sein Vorhaben.

Von etwa zehn Metern Entfernung warf er die entsicherte Eierhandgranate in die Mitte der ausgewählten Stelle. Kurz darauf hörte man einen dumpfen Knall. An der Stelle, wo die Granate explodierte, hob sich die Wasseroberfläche ein wenig und es sprudelte kurz. Ich lief ins Wasser, wo plötzlich Fische auftauchten, betäubt, mit dem Bauch nach oben, von der leichten Strömung getrieben. Ich erwischte sie schnell und warf sie auf die trockene Schotterfläche, wo sie der Vater einsammelte und in den Kübel gab. Diese Art des Fischens dauerte nur wenige Minuten. Als ich aus dem Wasser stieg, reichte mir der Vater ein Tuch. Damit wischte ich die Füße bis zum Knie trocken und zog die Socken darüber. Ich war über unseren Erfolg begeistert. Es waren Regenbogenforellen, ob alle, weiß ich heute nicht mehr. Nun suchten wir eine andere Stelle im Bachbett und wiederholten das Ganze.

An einer passenden Stelle am Wasser machten wir Halt, damit der Vater die Fische in Ruhe putzen konnte. Ich half beim Auswaschen. Wieder daheim, überreichte der Vater der Mutter die Fische. Überraschung und Freude waren groß. Der Vater lobte mich, ich hätte alle Fische aus dem Wasser geholt. Auf Mutters Fragen kam der heikle Teil des Unternehmens zur Sprache. Die Mutter wurde auf den Vater böse und begann zu schimpfen. Vor etwa acht Tagen war doch mein Schulfreund bei einer Explosion getötet worden. Der Vater konnte sie bald beruhigen, wesentlich trugen wohl die Fische im Kübel dazu bei. Es waren so viele, dass wir ein nie dagewesenes Mittagessen einnehmen konnten und noch etwas für den Abend übrig blieb.

Das verbotene Fischen auf unsere Art wiederholten wir nach zwei oder drei Tagen noch einmal, aber mit weniger Erfolg. Für weitere Versuche gab es keine Handgranaten mehr. Es war auch besser so. Die Lebensmittelknappheit aber dauerte noch einige Zeit an.

DIE ENGLÄNDER ÜBERNEHMEN DAS SAGEN

Erst nach dem Abzug der Partisaneneinheiten aus Kärnten, also nach dem 20. beziehungsweise 23. Mai 1945, haben die Engländer ihren Stützpunkt in Eisenkappel im Gregorhof und in der Schule eingerichtet. Von dort kamen sie oftmals auch bis zur Fabrik, meist nicht in dienstlicher Angelegenheit, sondern in ihrer Freizeit. Sie hatten herausgefunden, dass in der Nähe der Fabrik, zwischen dem großen Holzlagerplatz und dem fabrikseigenen Gemüsegarten, nur fünf Minuten von unserem Haus entfernt, ein großer Fussballplatz war. Sie kamen meist nachmittags mit ihren Autos. Es waren genug Männer, um zwei Mannschaften zu je sechs oder mehr Spielern zu bilden. Meiner Meinung nach spielten sie gut, und vor allem spielten sie laut.

Die Mutter kümmerte sich zu Hause um die Hühner, die Hasen und unser Schwein. Wir hatten einen kleinen Acker und einen ziemlich großen Gemüsegarten und konnten so viel Kartoffeln anbauen, dass es für unseren Bedarf reichte. Ich musste bei allen anfallenden Arbeiten helfen, auch hackte ich Holz, schlichtete es und sorgte dafür, dass in der Küche immer genug in der Holzkiste vorrätig war. Vom Brunnen vor dem Haus trug ich das Wasser hinauf in den ersten Stock, in der Küche standen immer zwei volle Eimer. Wenn ich Ferien hatte, kümmerte ich mich ganz allein um die Hasen. Ich hatte einen kleinen Korb, den mein Vater extra für mich geflochten hatte, und eine Sichel, die ich nicht gut schärfen konnte. Ich ging bis zum Fußballplatz, wo ich am Waldrand und an den Rändern des Gartens saftiges Gras für die Hasen fand.

Sobald ich bemerkte, dass die Engländer mehrmals in der Woche kamen, um Fußball zu spielen, schlug ich diese Richtung noch öfter ein. Ging ich den Steig an der Eisenbahnlinie entlang, konnte ich nach zweihundert Metern schon sagen, ob sie da waren. Dann beschleunigte ich den Schritt, schnitt unterwegs gerade soviel Gras, dass der Boden des Korbes bedeckt war, legte die Sichel drauf und stellte den Korb am Rand des Spielfeldes so ab, dass die Spieler sehen konnten, was darin war. Zwischendurch schnitt ich immer wieder ein bisschen Gras. Wenn keine anderen Kinder beim Spielfeld waren, stand ich allein in der Nähe des Tores, holte den Ball, wenn er zu weit weg flog und in den Gemüsegarten kollerte, und warf ihn zurück auf das Spielfeld. Ich hatte immer gern Ball gespielt, aber jetzt war nicht nur der Ball die Ursache für meine Begeisterung. Nach dem Spiel aßen die jungen Soldaten immer noch eine Kleinigkeit und gingen dann zum Bach, um sich zu waschen. Ich bekam immer irgendeine Süßigkeit, meist war es Schokolade oder Kaugummi; beides gehörte zu den sehnlichsten Kinderwünschen. Diese Erlebnisse hütete ich als mein Geheimnis, nicht einmal zu Hause erzählte ich davon.

Am Morgen des 24. Mai 1945 blieb vor unserem Haus ein Jeep stehen. Drei bewaffnete englische Soldaten stiegen aus, nur der Fahrer blieb im Auto. Wir waren alle drei in der Wohnung und hatten noch nicht einmal gefrühstückt. Es klopfte an der Tür, und die englischen Soldaten traten ein. Sie wussten genau, in welcher Wohnung wir lebten. Der Kommandant grüßte, fragte, ob mein Vater der Partisan Mister Kukovica sei, erklärte, er müsse seine Waffen und die Munition abgeben, und die Wohnung würde durchsucht werden. Mein Vater war nicht überrascht, er wusste, dass die Engländer den Kärntner Partisanen die Waffen abnahmen und dass die Freundschaft und Zusammenarbeit, die es während des Krieges gegeben hatte, vorbei war. Das Gewehr lag schon in der großen Lade des Schlafzimmerschranks bereit. Zwei Pistolen mit Munition hatte er vorsichtshalber schon Tage zuvor in der Holzhütte versteckt. In dieses Geheimnis hatte er mich auch eingeweiht.

Der Vater ging mit dem Kommandanten ins Schlafzimmer und übergab ihm das Gewehr. Die beiden anderen Engländer öffneten die Schranktüren, schauten unters Bett und durchsuchten alles. Einer der Soldaten fand mein Luftdruckgewehr und wollte es mitnehmen. Mit einer kleinen Papierscheibe und mit einem Bolzen stürzte ich auf ihn zu und deutete ihm, er solle das Gewehr in der Mitte aufklappen. Ich versuchte ihm beizubringen, dass dies nur mein Spielzeug sei. Irgendwie verstand er, was ich ihm sagen wollte. Er begriff, dass wir mit dem Bolzen nur auf Zielscheiben schossen und dass dies kein echtes Gewehr war. Er gab es mir auf Anordnung des Kommandanten zurück. Ich wischte mir die Tränen aus den Augen und freute mich, dass es so gut ausgegangen war. Die Engländer verabschiedeten sich höflich und fuhren davon. Sie hatten ihren Auftrag ausgeführt.

Nachtrag

Zum Bedeutungswandel
des Wortes »windisch«

Ursprünglich wurde das Wort »windisch« dem Wort »slowenisch« gleichgesetzt. Aber schon in der Zeit der Monarchie nannten die Kärntner Obrigkeit und deutschnationale Vereinigungen oft jene Slowenen Windische, die, aus welchen Gründen auch immer, bereit waren, Deutsche zu werden. Später, nach der Volksabstimmung 1920, wurde in Kärnten aus politischen Gründen und im Sinne der Germanisierung sogar die These aufgestellt, das Windische sei nicht Slowenisch, sondern irgendeine eigenständige, lokale Sprache, die von heimattreuen Kärntnern gesprochen werde. In diese Richtung bewegte sich auch die gesamte aggressiv deutschnationale Propaganda, vor deren Karren besonders die Lehrer an zweisprachigen Kärntner Volksschulen gespannt wurden. Die Bezeichnung »zweisprachige Schule« ist in Wirklichkeit irreführend, weil die Obrigkeit auf die Schule Einfluss nahm und mit ihrer Hilfe in Kärnten langfristig die slowenische Sprache beseitigen wollte. Jene Kärntner Slowenen, die auch die slowenische Schriftsprache pflegten, in der slowenischen Partei oder in slowenischen Vereinen tätig waren, galten als der Heimat untreu.

Nach der Einverleibung Österreichs durch Großdeutschland im Jahre 1938 wurde »windisch« für einige Jahre wieder ein Synonym für die slowenische Sprache, wie das ursprünglich der Fall gewesen war. Der Windische, der in den Augen der Deutschnationalen zuvor nicht als Slowene gegolten hatte, wenngleich er in Wahrheit einen der slowenischen Dialekte sprach, wurde plötzlich wieder amtlich dem Slowenen gleichgesetzt. Wegen des neuerlichen Bedeutungswandels des Wortes gerieten viele, die sich vorher als »Windische« bezeichnet hatten, in Verlegenheit. So mancher wandte sich deswegen von der nun verbotenen windischen (slowenischen) Sprache vollkommen ab und bediente sich, wenn er bereits genug Deutsch konnte, lieber der deutschen Sprache und nicht jener der »minderwertigen« Leute. Nur auf diese Weise konnte er sich über die Windischen, die Kärntner Slowenen, erheben – wiewohl er in Wirklichkeit selbst noch immer einer war – und ein Deutscher werden. Er musste nur seine Muttersprache verleugnen. Die teilweise subtil, teilweise gewaltsam betriebene Eindeutschung der Kärntner Slowenen dauerte, durchwegs unterstützt von den Kärntner Behörden, etwa von 1860 bis 1945. Leider wurde sie auch nach 1945 nicht zur Gänze eingestellt.

Mein Schulfoto.

Zur Eindeutschung slowenischer
Familiennamen

In den sechs Jahrzehnten, die dem Zweiten Weltkrieg folgten, haben sich viele Slowenisch sprechende Kärntner wieder die richtige, ursprüng-
liche Schreibung ihres in der Nazizeit einge-
deutschten Familiennamens erkämpfen müssen. Über dieses Problem ist öffentlich nur wenig bekannt. Auch unser Familienname ist in der
Nazizeit geändert worden. Anhand meiner Zeug-
nisse lässt sich die Eindeutschung in der Schule – und mit Hilfe der Schule – nachzeichnen. Der
Slowenischunterricht war längst abgeschafft,
Slowenisch sprechen in der Schule untersagt.
Vor dem Angriff Hitlers auf Jugoslawien am 6.
April 1941 hat man den Familien aber wenigstens noch ihre slowenisch geschriebenen Namen
gelassen. Auf meinen Zeugnissen der ersten und
zweiten Klasse ist das deutlich zu erkennen.
Auch der Vater unterschrieb die Kenntnisnahme
auf »Slowenisch« mit »Kukovica«.

Nach der Besetzung Jugoslawiens musste
man auf keine zwischenstaatlichen Beziehungen
mehr Rücksicht nehmen (vorher wollte Hitler Jugoslawien vergeblich zum Beitritt in den Dreier-
pakt zwingen). Im Schuljahr 1941/42, als ich die
dritte Klasse besuchte, wurden uns dünne Hefte geschenkt, auf deren Umschlag stand: Zeug-
nisse der Deutschen Volksschule. Darüber
thronte der neue deutsche Adler mit dem Hakenkreuz. Auf der ersten Seite waren bereits al-

le vorgesehenen Daten wie Name des Kindes, des Vaters und anderes von den Lehrern in Handschrift ausgefüllt worden. Alles mit dem Zweck, mit diesem halbamtlichen Dokument auf die slowenische Bevölkerung unmissverständlich Druck auszuüben. Allen Erwachsenen mit ›unehrenhaft‹ geschriebenen Namen wurde hiermit in schriftlicher Form ihr neuer Familienname mitgeteilt. Niemand fragte, ob wir damit einverstanden sind. Als ich das Büchlein heimbrachte, war der Vater wegen der Namensschreibung sehr erregt und schimpfte drauflos. Doch dann musste ich ihm versichern, nirgends ein Wort über seinen Zorn verlauten zu lassen. Machtlos beugte er sich, wie es sich in einer Diktatur geziemt. Um sich aber doch nicht ganz kampflos dem Schicksal zu ergeben, setzte er als stillen Protest bei seiner Unterschrift manchmal noch ein slowenisches v statt dem deutschen w ein: Kukovitza Franz. Nach Beendigung der 4. Klasse durfte ich trotz Reifeklausel nicht in die Hauptschule, weil es zu gefährlich gewesen wäre, täglich mit dem Zug nach Klagenfurt zu fahren. Der Vater entschied so und meinte dazu: »Nach der Katastrophe in Stalingrad wird der Krieg bald zu Ende sein.« Der Krieg aber dauerte und dauerte.

Das Zeugnis der fünften Klasse unterzeichnete er im Juli 1944 auf Slowenisch: Kukovica Franc. Ich musste es der Volksschulleitung nicht mehr zurückbringen, außerdem war der gefürchtete Oberlehrer nicht mehr an der Schule, sondern gehörte als letztes Aufgebot bereits der Deutschen Wehrmacht an. Beim Unterzeichnen meinte der Vater: »Damit später nicht jemand glaubt, ich hätte bereits vergessen, wie mein Name richtig geschrieben gehört.«

Im Herbst 1944 begann ich die aus Klagenfurt nach Grafenstein ausgelagerte Hauptschule zu besuchen, aber schon nach Beendigung des ersten Halbjahres wurde die Eisenbahnfahrt zur Schule wegen der Bombenangriffe zu gefährlich. Damit war meine Schülerlaufbahn vorläufig beendet.

Ich bedaure, dass ich mit dem Vater über die Kriegsjahre später nicht mehr reden konnte. Im September 1945 ging ich von daheim weg und kam in ein Heim und aufs Gymnasium im slowenischen Radovljica, von wo ich, wegen der geschlossenen Grenzen, erstmals 1948 heimkehrte. Inzwischen war mein Vater im Mai 1946, während der Arbeit in der Zellulosefabrik Rechberg, tödlich verunglückt.

Reichsgau **Kärnten.** Schuljahr 1939/40

Kreis: _Völkermarkt_ Jahl: _3_

Schulbesuchsbeginn am _18. Sept._ 1939

in _Eisenkappel_

Eintritt in diese Schule am _? ?_ 1939.

Übersiedelt am nach

Geimpft am 19

heimatsgemeinde: _?_

Schulnachrichten und Schulbesuchszeugnis

Kukovica Franz , geboren am _2. November_ 1933

zu _Rechberg_ in _?_

hat bis zum Schlusse des vorigen Schuljahres entschuldigte / nicht entschuldigte halbtage versäumt

und war zuletzt Schüler der _1._ Klasse (Abt.) an der _sechs_ klassigen

Volksschule in _1. Eisenkappel_

1. halbjahr _sehr zufriedenstellend_

Führung und Mitarbeit: 2. halbjahr _sehr zufriedenstellend_

	Gegenstände		Halbjahr	
			I	II
Leibeserziehung	Leichtathletik	Turnen		
	Schwimmen	Spiele		
	Allgem. körperl. Leistungsfähigkeit			1
heimatkunde	heimatkunde	Erdkunde		
		Geschichte		2
	Naturkunde	Naturgeschichte		
		Naturlehre		
Deutsche Sprache				2
Lesen				2
Schreiben				2
Rechnen und Raumlehre				2
Zeichnen und handarbeit				2
Singen				1
Weibliche handarbeiten				
hauswirtschaft				
Äußere Form der Arbeiten				
Zahl der versäumten halben Schultage	entschuldigt		40	4
	nicht entschuldigt			
Tag der Ausgabe		10. II. 1. halbjahr 1940		2. halbjahr 6. IV. 40
Unterschrift der Eltern oder deren Stellvertreter:		_Kukovica Franz_		_Kukovica Franz_

Kä 2. Schulnachricht. — Österr. Landesverlag. Wien. Blatt 381 38. — Druck: Josef Müller, Wien 27.

Schulzeugnis für das Schuljahr 1939/40.

117

Schulnachricht

über *Unterweger Franz* , geboren am 2. 11. 19 33

zu *Ruhberg* in *Kärnten*

schulbesuchend seit 18. 9. 19 39, hier eingetreten am 18. 9. 19 39,

Schüler — der 2. Klasse, — Abteilung, 2. Schulstufe,

an der 6 klassigen Volksschule zu *Eisenkappel* .

Führung und Mitarbeit:	1. Schuljahrsdrittel *sehr zufriedenstellend*
	2. Schuljahrsdrittel
	3. Schuljahrsdrittel *sehr zufriedenstellend*

Leibeserziehung 1. Schuljahrsdrittel Leichtathletik ___ Turnen ___ Schwimmen ___ Spiele ___ Boxen ___
Allgemeine körperliche Leistungsfähigkeit 1

Leibeserziehung 2. Schuljahrsdrittel Leichtathletik ___ Turnen ___ Schwimmen ___ Spiele ___ Boxen ___
Allgemeine körperliche Leistungsfähigkeit

Leibeserziehung 3. Schuljahrsdrittel Leichtathletik ___ Turnen ___ Schwimmen ___ Spiele ___ Boxen ___
Allgemeine körperliche Leistungsfähigkeit 1

Schuljahrsdrittel	Deutsch (Sittenkunde)	Deutsch Lesen	Schreiben	Geschichte	Erdkunde	Naturkunde	Mathe	Zeichnen und Werken (für Knaben)	Zeichnen (für Mädchen)	Handarbeit (für Mädchen)	Hauswirt (für Mädchen)	Rechnen und Raumlehre	Äußere Form der Arbeiten	entschuldigt	nicht entschuldigt	Unterschrift der Eltern oder deren Stellvertreter
I	3	1	2	2				1	2				2	4	–	*Unterweger Franz*
II																
III	1	2	2	3				1	2				1	–	–	*Unterweger Franz*

Der (Die) Schüler___ wird in die 3. Klasse, — Abteilung — versetzt.

Der (Die) Schüler___ wird zum Aufsteigen in die Hauptschule für ___ reif erklärt.

[Unterschrift]
Klassenleiter.   L.S.   *Franz Treugl*
Leiter der Schule.

Eisenkappel , am 3. 7. 19 41

VA 80. Schulnachricht. — Österr. Landesverlag, Wien. Blau 257/42. — Druck: Josef Müller, Wien 27.

Schulzeugnis für das Schuljahr 1940/41.

Zeugnisse
der Deutschen Volksschule

für

Kukowitza Franz

geb. am *2. Nov.* 19*33*

in *Raßberg*

Kreis *Völkermarkt*

Sohn, Tochter de*s Rukositza Franz*

Fabrikarbeiter

in *Raßberg*

Kreis *Völkermarkt.*

in

Kreis

Auch auf der ersten Seite des Büchleins wurde unser Familienname ohne unsere Kenntnis und Zustimmung geändert. Gleiches geschah am Gemeindeamt und im Betrieb.

Volksschule in _Eisenkappel_   Kr. _Völkermarkt_

4. Klasse

Schuljahr 19_42_/_43_   2. Halbjahr

1. Führung und Haltung: _sehr gut_

2. Leistungen:

   Leibeserziehung _sehr gut_

   a) Leichtathletik   b) Schwimmen   c) Turnen   d) Spiele

   Deutsch: Musik _sehr gut_
   a) mündlich _gut_   Zeichnen und Werken _gut_
   b) schriftlich _gut_   Hauswirtschaft:
   Heimatkunde _befriedigend_   a) Handarbeit
   Geschichte   b) Hauswerk
   Erdkunde   Rechnen und Raumlehre _gut_
   Naturkunde:
   a) Lebenskunde _gut_   Schrift _gut_
   b) Naturlehre

Evangelische Katholische Religion

3. Bemerkungen _Der Schüler ist zum Aufstieg in die höhere Klasse und zum Übergang auf die Hauptschule reif._

Eisenkappel den 1. VII. 19 43

D__ Klassenlehrer__   D__ Schrei__   D__ Schulleiter

Unterschrift des Vaters oder seines Stellvertreters   _Kukovitha Franz_

Schulzeugnis für das Schuljahr 1942/43.

Volksschule in *Eisenkappel* Kr. *Völkermarkt*

5. Klasse *5.* Schj.

Schuljahr 19 *43/44* *2.* Halbjahr

1. Führung und Haltung: *sehr gut*

2. Leistungen:

Leibeserziehung *sehr gut*

a) Leichtathletik   b) Schwimmen   c) Turnen   d) Spiele

Deutsch: Musik *sehr gut*

a) mündlich *gut* Zeichnen und Werken *gut*

b) schriftlich *befriedigend* Hauswirtschaft:

Heimatkunde a) Handarbeit

Geschichte *gut* b) Hauswerk

Erdkunde *gut* Rechnen und Raumlehre *gut*

Naturkunde:

a) Lebenskunde *gut* Schrift *gut*

b) Naturlehre *gut*

Evangelische Katholische Religion

3. Bemerkungen *Zum Aufsteigen reif.*
Kirrn 4. Klasse.' Hauptschülrir.'

Eisenkappel, den *13. Juli* 19 *44.*

D   Klassenlehrer
Majcen Anna

D   Schulleiter i. V.
Majcen A.
Mukovina Franz

Unterschrift des Vaters oder seines Stellvertreters

Schulzeugnis für das Schuljahr 1943/44.

**Aus der Ansprache des SS-Standartenführers
Alois Maier-Kaibitsch vor NSDAP-Mitgliedern
in Klagenfurt im Juli 1942**

... Fest steht, dass wir mit der Zerschlagung des
südslawischen Staates in weiter Front über die Karawanken nach Süden vorgestoßen sind, die drei
Kreise in Oberkrain mit dem Mießtal in Besitz genommen haben und damit in einem Haus leben,
in dem mehr als ein Drittel der Bevölkerung sich
nicht der deutschen Umgangssprache bedient.
Wenn die sprachlichen Verhältnisse auch nicht mit
dem Ausdruck der Gesinnung gleichzusetzen sind,
so sind sie doch immerhin ein Anhaltspunkt und
zeigen, welch schwere Arbeit unser harrt. Diese
Aufgabe können wir nur lösen, wenn wir Schluss
machen mit allen deutschfeindlichen Bestrebun-
gen in der ehemaligen Abstimmungszone A; wer
hier noch an eine Wiedererrichtung eines slawi-
schen Staates oder an den Sieg der Sowjetunion
glaubt, für den ist in diesem Grenzraum kein Platz.
In dem Gebiet nördlich der Karawanken müssen
wir den Standpunkt vertreten, dass der Gebrauch
der deutschen Sprache auch Ausdruck der Gesinnung bzw. des Bekenntnisses, zu welchem Volks-
tum man sich zugehörig fühlt, sein muss ...

Verzeichnis zweisprachiger Orts- und Flurnamen

Eisenkappel	Železna Kapla
Rechberg	Reberca
Kühnsdorf	Sinča vas
Vellach	Bela
Seebergsattel	Jezersko sedlo
Oberblasnitzen	Zgornja Plaznica
Miklauzhof	Miklavčevo
Ebriach	Obirsko
Blasnitzen	Plaznica
Bleiburg	Pliberk
Grafenstein	Grabštanj
Drau	Drava
Gallizien	Galicija
Zauchen	Suha
Zell Pfarre	Sele
Koschuta	Košuta
Goritschach	Goriče
Paulitschsattel	Pavličevo sedlo
Prevernik	Prevernik
Sittersdorf	Žitara vas
Unterort	Podkraj
Lobnig	Lobnik
Leppen	Lepena
Remschenig	Remšenik
Ebriach, Bach	Obirska
Steiner Alpen	Kamniške alpe

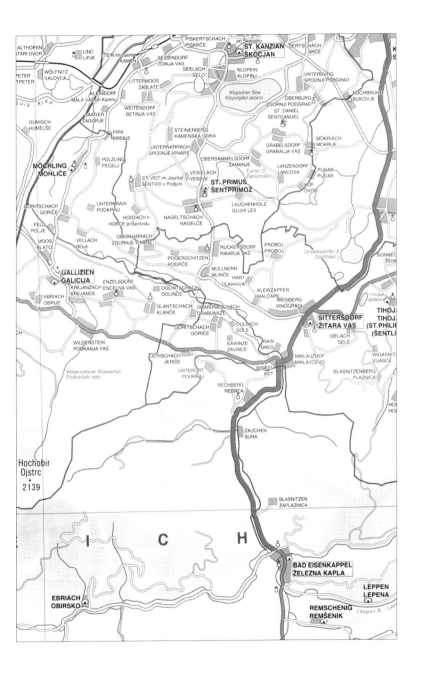

Der Autor und Familienmitglieder nach Anbringung
der zweisprachigen Ortstafel.

Die Anbringung zweisprachiger Ortstafeln auf privaten
Grundstücken – eine Selbsthilfe der Kärntner Slowenen –
soll auf die Nichtbeachtung der Entscheidungen des
österreichischen Verfassungsgerichtshofes in Kärnten
hinweisen. Die Verantwortung für den gesetzwidrigen
Zustand im zweisprachigen Kärnten trägt Landeshauptmann
Jörg Haider.